Ingrid Pfendtner · Christiane Schlüter

Der Klostergarten

Ingrid Pfendtner · Christiane Schlüter

Der Klostergarten

Bewährte Traditionen und praktisches Wissen

GONDROM

Ingrid Pfendtner, Diplom-Biologin mit den Schwerpunkten Zoologie, Ökologie und Botanik arbeitet als Journalistin und Autorin und verfasste bisher rund 25 Bücher zu den Themen Natur und Garten, Umwelt, Gesundheit und Ernährung.

Christiane Schlüter, Dr. theol., lebt als Buchautorin und Journalistin in Augsburg. Ihre Themenschwerpunkte sind Spiritualität, Lebenshilfe und Kultur.

Covergestaltung: Jarzina Kommunikations-Design, Köln
Coverbild: © Massimo Listri / Corbis

003

ISBN-10: 3-8112-2852-8
ISBN-13: 978-3-8112-2852-8

5 4 3 2 1

www.gondrom-verlag.de

Inhalt

Zur Einführung

Alte Gärten haben etwas Zauberhaftes. Wer sie besucht, unternimmt eine Reise in die Vergangenheit, in eine längst versunkene Welt.

Ein Klostergarten bietet dieses Erlebnis in besonderem Maß. Hier herrscht eine ganz eigene Stille. Man hört fast nichts als die Stimmen der Natur: das Summen der Bienen und manchmal ein sanftes Rauschen des Windes, der die verschiedensten Düfte heranträgt. Dann wieder klingt ein Glockenton durch die Stille. Und von Zeit zu Zeit verrät ein kleines Geräusch, dass hier jemand bei der Arbeit ist und den Garten pflegt.

Wunderbar entspannend wirkt so ein Klostergarten. Das Auge erholt sich beim Anblick der vielen Formen und Farben. Der Alltag verfliegt, die Sinne werden wach. Und auch der Wunsch wird wach, eine solche Muße zu sich nach Hause zu holen, um das Wunder der Schöpfung im eigenen Garten zu erleben: mit eigenen Händen in der feuchten Erde zu wühlen, von der schon eine Handvoll tausend-, nein millionenfaches Leben birgt. Jeder Winzling ist ein Teil des Ganzen, und erst alle zusammen schaffen, gemeinsam mit Sonne und Regen, scheinbar aus dem Nichts Pflanzenleben, Nahrung, Genuss und Wohlbefinden. Die Klostergärten sind Sinnbilder unsere Werte, hier lässt sich erfahren, was wirklich wichtig ist im Leben: Natur zu erfahren, etwas zu gestalten, kreativ zu sein, zu entdecken und zu genießen und gemeinsam zu arbeiten.

Der Lohn dafür ist reichlich: die Freude am Selbstgemachten und an einem unverfälschten Leben. Und dann schenkt solch ein Garten seine Ernte: Kräuter, Gemüse, Obst – Gesundes für Leib und Seele.

Im Folgenden stellen wir Ihnen die Tradition klösterlichen Gartenbaus vor und führen Sie von Garten zu Garten, von Beet zu Beet. Wir geben auch Tipps, wie Sie die Gaben des Gartens nutzen können – in der Küche, im Haushalt und für die Gesundheit. Einen Hinweis allerdings gilt es zu beachten: Heilkräuter sollten wegen ihrer Wirkstoffe immer nur vorübergehend und nie dauerhaft angewandt werden.

Und nun öffnen wir auch schon die Pforte zum Klostergarten, treten ein – und lernen zuerst sein Urbild kennen: das Paradies.

Der Mensch im Gottesgarten

Das Paradies ist ein Garten. So empfinden es nicht nur Menschen, die gern gärtnern, so sagt es auch das Juden- und Christentum. Der glückliche Zustand menschlicher Unschuld ist untrennbar mit einem Garten verbunden.

Der Garten Eden und das Paradies

Die Bilder, die unser Verständnis des Gartens bis heute prägen, finden sich in der Bibel. Hier müssen wir suchen, um zu begreifen, was uns ein Garten bedeutet. Die Schöpfungsgeschichte erzählt vom „Garten von Eden“, hebräisch „gan eden“:

Da legte Gott, der Herr, in Eden, im Osten, einen Garten an und setzte dorthin den Menschen, den er geformt hatte. Gott, der Herr, ließ aus dem Ackerboden allerlei Bäume wachsen, verlockend anzusehen und mit köstlichen Früchten, in der Mitte des Gartens aber den Baum des Lebens und den Baum der Erkenntnis von Gut und Böse. Ein Strom entspringt in Eden, der den Garten bewässert; dort teilt er sich und wird zu vier Hauptflüssen.

(Genesis 2,8–10)

„Gan“, der Garten, ist im Hebräischen verwandt mit dem Verb „ganan – beschützen“. So ist der Garten das geschützte, weil eingefriedete Land – ein Motiv, das im Mittelalter wiederkehrt. Der Mythos vom Garten Gottes, aus dem später die Menschen vertrieben werden, ist im ganzen Vorderen Orient verbreitet. In einer Region voller Wüstengegenden ist ein Garten ohne Wasser nicht denkbar. Die vier Flüsse, die Eden durchkreuzen, machen ihn zu einem fruchtbaren Ort, an dem alles wächst und gedeiht. Zugleich verleihen sie dem Garten seine geometrische Ordnung.

Mit der örtlichen Bestimmung des biblischen Eden muss man vorsichtig sein. Am mittleren Euphrat gibt es tatsächlich eine Landschaft „Eden". Dieser Name bedeutet im Sumerisch-Assyrischen „versteptes Grünland". Das Hebräische kennt aber den gleich lautenden Begriff „edän – Wonne, Genuss". Kein Wunder, dass aus dem „Garten von Eden" der „Garten der Wonne" wurde, das „Wonneland". Jahrhunderte später verwendet die griechische Übersetzung des Alten Testamentes, die so genannte Septuaginta, dafür auch den Begriff „paradeisos – Paradies". Das Wort kommt vom persischen „pairidaeza – umfriedeter Park".

Diese biblischen Vorgaben prägen das Bild des Gottesgartens: Seine Kennzeichen sind die Umfriedung und die geometrische Ordnung. Die mittelalterlichen Handschriften zeigen solche umfriedeten, von Wasser durchzogenen Gärten. Und die Gärten der Klöster weisen ebenfalls eine durchdachte geometrische Ordnung auf.

Diese äußere Ordnung entspricht der inneren Ordnung, die eine auf Gott ausgerichtete Seele empfindet.

Denn die Schöpfungsgeschichte schildert nicht nur die äußere Gestalt des Gottesgartens. Sie sagt auch, in welcher Beziehung der Mensch zu diesem Garten steht.

Gott, der Herr, nahm also den Menschen und setzte ihn in den Garten von Eden, damit er ihn bebaue und hüte. Dann gebot Gott, der Herr, dem Menschen: Von allen Bäumen des Gartens darfst du essen, doch vom Baum der Erkenntnis von Gut und Böse darfst du nicht essen; denn sobald du davon isst, wirst du sterben.

(Genesis 2,15–17)

Schon zum Paradiesgarten gehört also die Arbeit. Bebauen und behüten, das heißt: Der Garten soll genutzt werden, aber der Mensch hat für ihn auch die Verantwortung. Er soll mit dem Garten so umgehen, dass es beiden Seiten nützt. Das bedeutet: Er muss in Geduld und voller Vertrauen die Gesetze beachten, nach denen der Garten funktioniert. Nur dann bringt dieser die Früchte, die der Mensch genießen kann.

Nirgends ist jedoch gesagt, dass diese Aufgaben Mühe bedeuten würden. Das Leben im Garten Eden erscheint wie ein immerwährendes Spiel, denn der Mensch und die ihn umgebende Natur befinden sich in Harmonie miteinander. Die Mühe und der Schweiß, die mit der Arbeit verbunden sind, kommen erst durch den Sündenfall hinzu: Nachdem Adam und Eva vom Baum der Erkenntnis gegessen haben, werden sie aus dem umfriedeten Garten vertrieben. An dessen Stelle treten nun das Feld und der Ackerboden – Land, das nicht eingefasst und geordnet ist und das sich seinen Ertrag nur mit großer Anstrengung abtrotzen lässt. Noch im Mittelalter wird die Unterscheidung zwischen dem wertvollen, umzäunten Garten und dem ungeschützten Ackerland sehr wichtig sein.

Doch die Erinnerung an den Paradiesgarten bleibt lebendig. Sie prägt die Erwartung des zukünftigen Heils. Im Johannes-Evangelium wird berichtet, wie der auferstandene Christus Maria Magdalena erscheint und sie ihn für den Gärtner hält. Das ist ein schönes Symbol: Gott kümmert sich um die Menschen wie ein Gärtner um die Pflanzen, die ihm anvertraut sind (Joh 20,15).

Für die Christen ist das Kreuz Jesu Christi das Gegenstück des Paradiesbaumes, der Mittelpunkt des neuen Paradieses, das als ewiges Bei-Gott-Sein verstanden wird. Das Reich Gottes, das sie am Ende der Zeiten erwarten, knüpft an den glückseligen Anfangszustand an. „Wer siegt, dem werde ich zu essen geben vom Baum des Lebens, der im Paradies Gottes steht", verspricht die Offenbarung des Johannes, das letzte Buch des Neuen Testaments und damit der gesamten Bibel (Offb 2,7). So erscheint nun auch der Engel mit dem Feuerschwert, der nach der Vertreibung den Eingang des Paradieses bewacht, in anderem Licht: Zwar hindert er jetzt noch die Menschen, in den Gottesgarten einzudringen. Doch damit schützt und bewahrt er diesen Garten für sie, bis das Tor zum Paradies wieder geöffnet wird.

Schönheit und Nutzen

Hier also liegen die spirituellen Wurzeln unseres Verständnisses vom Garten. Die Geschichte vom Paradies und von der Vertreibung daraus erklärt, warum der Garten solch ein besonderer Ort ist.

Wenn die Menschen sich mit ihrem Garten beschäftigen, so halten sie damit die Erinnerung an das Paradies und die Sehnsucht danach lebendig. Sie erfahren die Harmonie wieder, die ein Leben im Einklang mit der Natur schenkt. Sie entwickeln das Vertrauen, das es für den richtigen Umgang mit der Erde braucht, und sie spüren in sich die Freude an der Ordnung der Schöpfung wachsen.

Der Paradiesgarten bedeutet Genuss und Arbeit ohne Mühe. Er nährt die Seele. Und er bringt Aufgaben mit sich, deren Erfüllung sich lohnt. Diese Zweiheit findet sich in jedem Garten wieder. Schönheit und Nutzen sind die beiden Grundpfeiler der Beschäftigung mit dem Garten. Die Seele atmet auf und der Körper bringt sich ein, zum eigenen Vorteil, denn der Ertrag des Gartens nährt wiederum den Körper.

Die Zweiheit von Seele und Körper findet sich auch in einem der wichtigsten Regelwerke des abendländischen Mönchtums wieder. „Ora et labora – bete und arbeite“, so lässt sich das Konzept des Ordensgründers Benedikt von Nursia (ca. 480 – 547 n. Chr.) zusammenfassen. Die Klöster sind es ja, die für Jahrhunderte die Idee und das Wissen vom Garten weitertragen.

Die Geschichte des klösterlichen Gartenbaus

Lange, bevor das Christentum in die Gegenden nördlich der Alpen kommt, gibt es hier schon eine Gartenkultur.

Vorchristliche Gartenkultur

Die römischen Besatzer leben wie in der Heimat in Landhäusern, die von Bauerngärten und Feldern umgeben sind. Die Reicheren leisten sich vornehme Villen mit kunstvollen Parkanlagen ringsherum. Doch die Völkerwanderung macht dieser Kultur in den nördlichen Provinzen des römischen Reiches ein Ende. Die Villen werden zerstört oder sie verfallen, weil sie verlassen werden mussten. In den Gärten verwildern die feineren Obst- und Gemüsesorten, wenn sie nicht mangels Pflege ganz eingehen.

Der Gartenbau schrumpft auf den Anbau des absolut Lebensnotwendigen, er verliert alles Kunstvolle. Nur in einigen entlegenen Gegenden Galliens halten sich manche Sorten und Kenntnisse. Sie werden später von vereinzelt siedelnden Mönchen wiederentdeckt und erneut verbreitet.

Jahrhunderte nach diesem Niedergang kommen die Klöster. Mit ihnen nehmen die Kulturgeschichte Mitteleuropas und damit auch der Gartenbau wieder einen neuen Aufschwung und gelangen zu der Vollendung, in der wir sie heute kennen.

Kreuzgang und Paradiesvorhalle

Schon die antiken Philosophen wie Epikur (341–270 v. Chr.) versammelten ihre Schüler gern in einem Garten. Die Verbindung von geistiger Erbauung und formschön gestalteter Natur setzt sich in den christlichen Klöstern fort, die aus dem Zusammenschluss frommer Einsiedler entstehen: Im vierten nachchristlichen Jahrhundert, eben zu der Zeit, da in Europa die Völkerwanderung beginnt, entwickeln sich in Ägypten aus den losen Einsiedlerkolonien bereits erste fest umzäunte Anwesen. Innerhalb der Umzäunungen leben die Gottsucher in verbindlicher Gemeinschaft. Der Kirchenvater Augustinus (354–430 n. Chr.) versammelt als Bischof im nordafrikanischen Hippo Gleichgesinnte in einem Garten, der ihm geschenkt worden ist. Später lässt er in diesen Garten Kirche und Kloster hineinbauen. So ging in diesem Fall das gemeinsame Wohnen im Garten dem eigentlichen Kloster sogar voraus – was natürlich nur in der Wärme Nordafrikas möglich ist.

Bald gibt es Klöster in Kleinasien und Griechenland ebenso wie im Westen, in Italien und Gallien. Sie sind zumeist nach antikem Vorbild als Atriumhäuser gebaut, das heißt, die Gebäude sind viereckig um einen Innenhof herum gruppiert. In Italien, wo die Klöster sich oft in gestifteten oder verlassenen Villen niederlassen, versteht sich das von selbst. Doch auch nördlich der Alpen setzt sich dieser Bautyp durch. Er entspricht einfach perfekt den Bedürfnissen des Zusammenwohnens in Abgeschiedenheit von der Welt.

Der Atriumhof ist an seinen vier Seiten von Säulengängen umgrenzt, dem so genannten Kreuzgang. So können die Klosterinsassen von einem Gebäude ins anderen gelangen, ohne den abgeschlossenen Klausurbereich (von Lateinisch „claudere – schließen“) zu verlassen. Der Kreuzgang verbindet Schlafraum (Dormitorium), Versammlungsraum (Kapitelsaal), Speisesaal (Refektorium), Kirche und Wirtschaftsräume miteinander.

Der Innenhof in der Mitte, auch Kreuzganghof oder Kreuzgarten genannt, ist wohl seit jeher bepflanzt. Allerdings dient er nur dort als Nutzgarten, wo das Kloster kein weiteres Gelände besitzt. Ansonsten lädt er mit Bäumen, Blumenbeeten und Wegen zur Meditation ein. Oft ist er gleichzeitig der Friedhof des Klosters. Später wird sich aus den klösterlichen Säulengängen der umlaufende Gartenweg mit begrünten Laubengängen entwickeln. Und natürlich gehört auch ein Brunnenhaus zum Kreuzganghof, denn ohne Wasser kann man einen Garten nicht erhalten. Hier waschen sich die Mönche auch die Hände, bevor sie ins Refektorium zum Essen gehen.

Die Atmosphäre mittelalterlicher Kreuzgänge lässt sich noch heute bei einem Besuch alter Klosteranlagen erahnen. Auch der folgende Text spiegelt sie wider. Er ist Teil einer gedichteten Biografie des Reichenauer Abtes Witigowo, die der Mönch Purchart im 10. Jahrhundert auf der Bodenseeinsel verfasst hat.

Vor St. Mariens Haus erstreckte sich jenseits der Schwelle
Wohlgepflegt und schön der reich bewässerte Garten,
Rings umgeben von Mauern mit allseits geschwungenem Bogen,
Liegt er strahlend im Lichte, ein irdisches Paradies.

(Carmen de Gestis Witigowonis – Lied von Witigowos Taten)

Auch das Paradies kehrt als Motiv in den frühchristlichen Kirchenbauten wieder. Nach dem Vorbild antiker Königshallen besitzen diese alten Kirchen einen Vorhof mit dreiseitigen Arkadenumgängen. Hier müssen die Büßer warten, bevor sie in die Gemeinschaft der Gläubigen aufgenommen werden. Dieser Vorhof, der zuweilen sogar ein Obergeschoss und ein Dach hat, heißt Paradies. Er dient auch als Ort des Kirchenasyls: Wer sich hierher flüchtet, ist vor Verfolgung sicher. Noch heute besitzen viele alte Kirchen solch ein Paradies. Nicht selten sind diese Paradiese bepflanzt, wie man in Maria Laach in der Eifel sehen kann.

Die Ordensregel des Benedikt von Nursia

Neben dem Kreuzgang unterhalten die meisten Klöster weitere Gartenflächen auf ihrem Gelände. Diese Kräuter- und Gemüsegärten befinden sich meist in klimatisch günstiger Lage zwischen den Gebäudeflügeln und der Außenmauer, welche die ganze Anlage umgibt. Schon zur Zeit Kaiser Karls des Großen (747 – 814) verfügen die meisten Klöster aber auch über Landbesitz außerhalb ihrer Mauern. Anders lässt sich die Versorgung mit den nötigen Lebensmitteln nicht denken. Und streng wird zwischen dem umzäunten, wertvollen Garten- oder auch Hausland und dem weniger kostbaren Feld unterschieden – bis dahin, dass ein Diebstahl aus einem Garten schwerer geahndet wird als ein Diebstahl vom Feld.

Die Benediktiner, die beispielhaft die Verbindung von Frömmigkeit und körperlicher Arbeit praktizieren, halten die Gartenkultur das ganze Mittelalter hindurch am wirksamsten lebendig. Um das Jahr 530 n. Chr. gründet Benedikt von Nursia im italienischen Montecassino eine klösterliche Gemeinschaft. In den Folgejahren verfasst er seine Regel, die für das Zusammenleben der Mönche wegweisend wird. Das benediktinische Mönchtum und seine Regel prägen die abendländischen Klöster über Jahrhunderte hinweg fast ausschließlich, bis ins hohe Mittelalter hinein.

In seiner Regel schreibt Benedikt die Gartenarbeit als festen Bestandteil des klösterlichen Lebens vor. Vier bis acht Stunden täglich gehören dem Gebet und sieben bis acht Stunden dem Schlaf. Die restliche Zeit wird zwischen Handarbeit und religiösem Studium aufgeteilt. Handarbeit aber ist oft Gartenarbeit. In den Anfängen des Benediktinerordens ist sie ohnehin nicht ungewöhnlich, weil die meisten Brüder Laien und keine Priester sind. In späteren Jahrhunderten, als die Mönche zunehmend dem Priesterstand angehören, schafft man eine neue Gruppe innerhalb der Klosterfamilie: die Conversen oder auch Laienbrüder. Ihnen ist nun hauptsächlich die Handarbeit anvertraut.

Die Gartenarbeit ist nicht nur aus Nützlichkeitsgründen fester Bestandteil des klösterlichen Lebens. Körperliche Arbeit und die mit ihr verbundene Mühe hat auch eine spirituelle Dimension. Sie macht demütig und hält dem Menschen vor Augen, dass er als Geschöpf auf die ihn umgebende Schöpfung angewiesen ist. Die immer drohende Geringschätzung der körperlichen im Vergleich zur geistigen Arbeit hat schon Benedikt selbst wohlweislich im Blick, wenn er in Kapitel 48 seiner Regel schreibt:

Bringt es die örtliche Lage mit sich, dass die Brüder selber die Feldfrüchte einernten müssen, so sollen sie deswegen nicht unwillig werden. Denn dann sind sie ja in Wahrheit Mönche, wenn sie von ihrer Handarbeit leben, nach dem Beispiel unserer Väter und der Apostel.

(Benediktinische Regel, Kapitel 48)

Innerhalb der Klostermauern werden die wertvolleren Pflanzen gezogen, auch die Kräuter, die für die Heilkunst nötig sind. Denn nicht nur im Landbau, auch in der Medizin sind die Benediktiner für Jahrhunderte die wichtigsten Sammler, Bewahrer und Erneuerer des aus der Antike überlieferten Wissens. Schreibt ihnen doch ihre Regel auch die Fürsorge für die Kranken vor. Jedes Kloster besitzt seinen eigenen Heilpflanzengarten. Daraus wird der Vorrat an Arzneimitteln ständig ergänzt. Das Wort „Droge“ kommt daher, dass ursprünglich die Arzneien im Garten gewonnen und für die Verwendung getrocknet werden: Das mittelhochdeutsche „drög – trocken“ steckt darin.

Der Klosterplan von St. Gallen

Karl der Große fördert zielstrebig das Wissen und die Kultur in seinem großen Reich. Dieses Reich umfasst das heutige Frankreich und Deutschland, Oberitalien und Teile Tschechiens. Der Kaiser erkennt den Wert des benediktinischen Wissens. Er unterstützt die Klöster nach Kräften und fördert ihre Neuansiedlung, um mit Hilfe der Mönche und Nonnen das Land weiterzuentwickeln. So kommt es im 8. Jahrhundert erstmals wieder zu einem geregelten Gartenbau in West- und Mitteleuropa.

812 regelt Karl in einer eigenen Verordnung, wie die kaiserlichen Herrenhöfe und Landgüter bewirtschaftet werden sollen. Das 70. Kapitel des so genannten „Capitulare de villis et curtis imperialibus“ führt 73 Nutzpflanzen und 16 Baumarten auf, die jedes Landgut aufweisen muss. Unter den Pflanzen finden sich Küchen- und Heilkräuter ebenso wie Obst- und Gemüsesorten. Auch Blumen werden genannt – sie fallen unter die

Heilpflanzen. Allerdings warnen die Forscher davor, aus dem „Capitulare“ zu viel über damalige Klostergärten im Bereich des heutigen Deutschland herauszulesen: Vermutlich habe die Verordnung nur in Frankreich wirklich gegolten.

Aus der Bodenseeregion hingegen stammt ein anderes Schriftzeugnis, das über die Klostergärten verlässliche Auskunft gibt: der berühmte Klosterplan von St. Gallen, der dem Inhalt nach wohl von Karls Landgüterverordnung beeinflusst ist. Um das Jahr 825 zeichnet ein Benediktinermönch von der Insel Reichenau den idealen, so niemals verwirklichten Grundriss eines Klosterbezirkes – mit allen Gebäuden und Gartenanlagen. Der Reichenauer Abt Heito widmet den Plan dem Abt Gozbert von St. Gallen, später wird das kostbare Stück dem dortigen Kloster zugesandt. Der Musterplan enthält drei Kreuzgänge, außerdem den ersten systematischen Grundriss eines Kräutergartens (Herbularius), ferner einen Gemüsegarten (Hortus) und einen Garten mit Rasen und Obstbäumen (Pomarium), der zugleich als Friedhof dient. Alle drei Gärten sind mit Pflanzennamen beschriftet.

Der **Kräutergarten** liegt gleich neben dem Arzthaus. Er enthält 16 Heil- und Würzmittel, die den Menschen damals zur Verfügung stehen: einheimische Kräuter und Wurzeln und kultivierte Pflanzen, die aus dem Süden oder aus Gallien eingeführt worden sind, wo sie sich noch aus römischer Zeit gehalten haben. Die Bandbreite reicht von Wurzeln über Kräuter bis hin zu Blumen. Die Blumen sollen den Garten nicht etwa verzieren, sondern sie dienen mit ihrem Duft und Geschmack als Grundlage für Öle, Tinkturen und Arzneitrunke. Reine Blumengärten um ihrer selbst willen kommen erst rund 200 Jahre später in Mode. Die Beete sind viereckig und aufgehäufelt, mit eingefasstem Rand, damit die Erde nicht wegrutscht. So lassen sie sich gut bearbeiten.

Der Bestand des Kräutergartens:

Fenchel	Pfefferminz
Frauenminze	Polei
Gartenrose	Raute
Griechisch Heu	Rosmarin
Krauseminze	Salbei
Kreuzkümmel	Schwertlilie
Liebstöckel	Stangenbohne
Pfefferkraut	Weiße Lilie

Der **Gemüsegarten** liefert die Beikost für den Mittagstisch. Er enthält 18 Pflanzen. Manche sind aus dem Süden eingeführt, andere entstammen dem Norden und wurden verfeinert und weitergezüchtet. Dieser „Hortus" wird so ähnlich ausgesehen haben wie heutige Bauern- und Schrebergärten.

Der Bestand des Gemüsegartens:

- Dill
- Kerbel
- Knoblauch
- Kohl
- Koriander
- Lattich, Salat
- Lauch
- Mangold
- Mohn (unter zwei verschiedenen Namen)
- Pastinake
- Petersilie
- Pfefferkraut
- Rettich
- Schalotten
- Schwarzkümmel
- Sellerie
- Zwiebel

Der **Obstbaumgarten** schließlich enthält 14 Namen von Bäumen und Sträuchern. Zwischen den Bäumen befinden sich Grabplatten – ebenfalls 14 an der Zahl. Bäume und Grabplatten sind symmetrisch angeordnet. Den Boden bedeckt Rasen, der durch Wege geteilt ist. Wer diesen Garten besucht, denkt unwillkürlich an den Garten des Paradieses ebenso wie an den Garten, in dem Jesus vor seiner Kreuzigung verhaftet wurde, und an den Tod, der nach christlichem Glauben die Pforte ins Leben darstellt: Die Gräber sind keine Sinnbilder der Vergänglichkeit, sondern des ewigen Lebens.

Der Bestand des Obstbaumgartens:

- Apfelbaum
- Birnbaum
- Feigenbaum
- Haselnuss
- Kastanie
- Lorbeerbaum
- Mandelbaum
- Maulbeerbaum
- Mispel
- Pfirsichbaum
- Pflaumenbaum
- Pinie
- Quittenbaum
- Speierling
- Walnussbaum

Nicht alle im Plan eingezeichneten Bäume wurden jedoch mit Sicherheit angebaut: Südliche Pflanzen wie die Feige würden unseren Winter kaum überstehen.

Die Art und Weise des benediktinischen Gartenbaus wird schnell weiterverbreitet: durch die Menschen, die für das jeweilige Kloster arbeiten und wirtschaftlich von ihm abhängig sind, durch die Bauern der umliegenden Dörfer und durch den Adel. Pflanzen, Sämereien und das dazugehörige Wissen verbreiten sich im Volk. Und auch die Ausdehnung des Ordens selbst trägt dazu bei, das Wissen weiterzugeben. Viele Klöster bilden Ableger: Mönche wandern aus dem Mutterhaus aus und gründen in unwirtlichen Gegenden neue Niederlassungen. Dabei nehmen sie Saatgut und Pflanzen ebenso mit wie die dazu gehörigen Kenntnisse über Anbau, Kultivierung und Ernte.

Der „Hortulus" des Walahfrid Strabo

In jenen frühen Zeiten steht der Gartenbau ganz im Dienst der Nützlichkeit. Dass er trotzdem eine spirituelle und auch eine der Schönheit zugewandte Seite besitzt, zeigt ein Gedicht, das ebenfalls auf der Bodenseeinsel Reichenau entstanden ist: das „Liber de cultura hortorum" („Buch von der Pflege der Gärten") des Mönches und späteren Reichenauer Abtes Walahfrid Strabo (809 – 849). Der Schreiber, dessen Zuname übrigens „der Schielende" bedeutet, besingt darin die Kunst des Gärtners sowie den Nutzen und die Schönheit von 23 Pflanzen. Deren Liste ähnelt dem Bestand, den der St. Galler Klosterplan aufweist.
700 Jahre später entdeckt der Schweizer Mediziner und Gelehrte Joachim Vadian (1484–1551) Strabos Gedicht

in der Stiftsbibliothek St. Gallen. Er tauft es zärtlich „Hortulus“ („Gärtchen“) und veröffentlicht es.

Was für Land du immer besitzest, und wo es sich finde,
Nirgends weigert es sich, die ihm eignen Gewächse zu zeugen,
Wenn deine Pflege nur nicht ermattet in lähmender Trägheit,
Nicht sich gewöhnt zu verachten den vielfachen Beistand des Gärtners
Törichterweise, und nur sich nicht scheut, die schwieligen Hände
Bräunen zu lassen in Wetter und Wind und nimmer versäumet,
Mist zu verteilen aus vollen Körben im trockenen Erdreich …

(Walahfrid Strabo, Hortulus, Verse 4–14)

Sehr anschaulich schildert Walahfrid, wie er nach dem Winter das Land bearbeitet, Maulwürfe verscheucht und Regenwürmer ans Tageslicht befördert. Wie er die Erde mit krummer Hacke zerkleinert, Samen ausstreut und Stecklinge setzt, wie er die Beete nicht zu viel und nicht zu wenig wässert und wie ihm am Schluss der Garten zum Dank für all diese Mühe seine Ernte schenkt.

Nicht nur diese beiden Blumen, sondern auch viele andere Pflanzen gelten im Christentum als Symbole für Heilige oder für religiöse Werte. Diese religiösen Bedeutungen werden später noch im Buch genauer vorgestellt und erläutert.

Versuchungen aller Art

Die spirituelle Bedeutung der Pflanzen kann jedoch manch strengere Geister nicht über die Versuchung hinwegtäuschen, die in der selbstvergessenen Hingabe an das Schöne liegt. Das belegt 300 Jahre nach Walahfrid eine comicartige Bilderfolge in dem Buch „Hortus deliciarum" („Garten der Köstlichkeiten") der Herrad von Landsperg. Herrad ist zwischen 1167 und 1195 Äbtissin des Klosters Hohenburg auf dem Odilienberg im Elsaß. Sie erzählt warnend von einem Eremiten, der auf der Tugendleiter immer höher steigt, bis er zurückschaut und sein Blick auf einen Garten fällt. Dieses irdische Paradies weckt seine Sehnsucht – und lässt ihn kopfüber hinabstürzen.

Aus der Zeit zwischen 1277 und 1281 stammt der Brief eines Dominikanerbruders namens Hermann. Der gestrenge Bruder verbietet darin den Schwestern eines Dominikanerklosters nicht ohne Ironie, im Freien zu essen.

Bruder Hermann an die Schwestern zu Sankt Lambert, die um die törichte Erlaubnis baten, im Grase neben der Infirmerie zu speisen … Es hat ja der Herr Jesus am Anfang einen Lustgarten angepflanzt, in welchen er den von ihm geschaffenen Menschen setzte, und dann lesen wir auch, dass Jesus oft mit seinen liebenswerten Schülern im Garten zusammenkam … Ist sodann nicht das Plätzlein, um das ihr bittet, in seiner Heiterkeit und Lieblichkeit ein Bild der versprochenen Himmelsherrlichkeit? … Aber sieh! Schon liegt der Beweis bereit, dass all dies, wenn auch nicht unerlaubt, so doch nicht heilsam ist. Der erste Adam ließ zuweilen die Heilsmittel außer acht und da ward er im Garten versucht, der zweite Adam (Jesus, Anm. d. Vf.) wurde im Garten verraten. So müssen spätere Menschen aus der erkannten Gefahr vorsichtig werden.

(Johannes Bühler, Klosterleben im deutschen Mittelalter nach zeitgenössischen Quellen)

Pflanzen- und Heilkunde

Doch letztlich setzen sich die Zweifler nicht durch. Zu faszinierend ist die Schönheit der Gärten, zu nahe liegend der Gedanke, dass diese Schönheit ein Teil der Schöpfung und damit von Gott gewollt ist. Die botanischen Kenntnisse aus der Antike, die jetzt, vermittelt durch arabische Übersetzungen, über Spanien nach Mitteleuropa gelangen, tun ein Übriges dazu.

Zwischen 1080 und 1110 entsteht das Heilpflanzenbuch „Macer floridus“ des Benediktiners Odo Magdunensis aus Meung-sur-Loire im heutigen Frankreich. Er arbeitet erstmals mit der antiken Lehre von den vier Elementen und ihnen zugehörigen Säften, welche den körperlichen Zustand und das Gemüt des Menschen bestimmen: Wasser (weißer Schleim), Luft (rotes Blut), Feuer (gelbe Galle) und Erde (schwarze Galle).

Auf die Lehre von den vier Körpersäften stützt sich auch Hildegard von Bingen (1098 – 1179). Die Äbtissin vom Disibodenberg und später vom Rupertsberg bei Bingen beschreibt in ihrer „Physica“ über 200 Pflanzen und Gewürzen, von A wie Ackerminze bis Z wie Zimt, und lässt dabei immer auch religiöse Betrachtungen einfließen.

Als größter Naturkundler zwischen der Antike und dem Beginn der Neuzeit aber gilt der Kölner Dominikanerpriester und „Doctor universalis“ Albertus Magnus (1193 – 1280). Der gebürtige Schwabe verfasst zahlreiche Lehrschriften über Garten- und Ackerbau, Obstbaumzucht und Tiere, darunter das berühmte „De vegetabilibus“. Als Erster verwendet er deutsche Namen für Pflanzen und Tiere. Und er experimentiert selbst, wie die folgende Geschichte zeigt: Am 6. Januar 1249 steigt der römische König Wilhelm von Holland in Albertus' Kloster in Köln ab. Der „Doctor universalis" bereitet dem würdigen Gast ein großes Fest, das seinen Höhepunkt erreicht, als er dem König den Klostergarten präsentiert: Mitten im Winter blühen hier Sträucher, prangen Bäume mit reifen Früchten. Ob dieses Wunder dem Albertus vielleicht mit Hilfe von Treibhäusern gelungen oder ob diese Geschichte eine Legende ist, bleibt dahin gestellt und wird wohl nie endgültig geklärt werden können.

Weitere Bücher entstehen in der Folge, beispielsweise das „Buch der Natur" des Konrad von Megenberg (1309 – 1374), einem Gelehrten und Domherrn in Wien und Regensburg. Diese Naturgeschichte enthält allerlei Aberglauben und Sagen. Sie ist deshalb, obgleich sie hinter den Wissensstand Albertus' zurückfällt, beim Volk sehr beliebt.

Die Kunst des Gartenbaus wird mittlerweile ebenso von Bauern, Adligen und dem aufkommenden städtischen Bürgertum geübt. Trotzdem sind es weiterhin die Klöster, welche das Land in großem Stil kultivieren, Trauben und Hopfen anbauen, Wein keltern und Bier brauen und die pflanzliche Heilkunst weiterentwickeln.

Vom Barock bis zum Neuanfang im 20. Jahrhundert

Während der Aufklärung bilden sich dann neue Schönheitsideale heraus. Die barocke Gartenanlage mit ihrem ausgeprägten Sinn für Formen macht auch vor den Klöstern nicht Halt. Nun entstehen spielerische Landschaften mit Terrassen, Wasserbecken, Treppenwegen, Sonnenuhren und kunstvoll geschnittenen Hecken. Wege und Bepflanzungen sind so angeordnet, dass sich Blickachsen ergeben – nichts wird dem Zufall überlassen, aber alles wirkt natürlich und ungezwungen. Immer noch verbinden sich Schönheit und Nutzen: In den eingefassten Beeten wachsen nicht nur Blumen, sondern auch Kräuter. Und so manche blühende Wiese ist von Obstbäumen bestanden.

Im Jahr 1803 bricht die Tradition mit der so genannten Säkularisation jäh ab: Zur Entschädigung für linksrheinische Gebiete, die an Napoleon verloren wurden, bekommen die deutschen Staaten Güter und Besitztümer der Kirche zugesprochen: Bistümer und Klöster werden enteignet, die Ländereien werden den weltlichen Herrschern zugesprochen, die klösterlichen Apotheken und Bibliotheken zerrissen und verschleudert.

Unschätzbares Wissen geht durch die Säkularisation verloren.

In der Folgezeit dringen die Naturwissenschaften weiter vor. Dazu trägt auch ein Mönch bei: Mitte des 19. Jahrhunderts entdeckt Gregor Mendel, Abt des Brünner Augustinerstiftes, die Gesetze der Vererbung. Er stößt auf sie, als er verschiedene Erbsenarten miteinander kreuzt. Parallel nimmt die Schulmedizin ihren Aufschwung.

Erst als im 20. Jahrhundert eine Rückbesinnung einsetzt und die Menschen sich nach einer Lebensweise im Einklang mit der Natur sehnen, erinnert man sich auch des alten Wissens der Mönche und Nonnen. Nun interessiert man sich wieder für Heilkunde und Gartenbau nach klösterlicher Weise. Viele Klostergüter arbeiten eng mit ökologisch ausgerichteten Landwirten ihrer Region zusammen. Es entstehen Modellgärten, Forschungsprojekte und kleine klösterliche Manufakturen, in denen die Geschenke der Natur liebevoll verarbeitet und an die Besucher verkauft werden. Eine Auswahl von Adressen haben wir am Schluss des Buches zusammengestellt.

Herbularius – der Heilkräutergarten

In den mittelalterlichen Kräutergärten fehlten noch viele der uns bekannten einheimischen Heilpflanzen. Manche waren in der Volksmedizin durchaus beliebt und wurden angewandt, dennoch setzten sie sich erst im 16. Jahrhundert oder noch später wirklich durch.

Der mittelalterliche Kräutergarten

Im Mittelalter wie heute gilt der St. Galler Klosterplan als Vorbild für einen Kräutergarten: strenge Ordnung, systematischer Grundriss, 16 länglich-rechteckige Beete, Umrahmung aus Buchs, eine Pflanzenart pro Beet. Letzteres sollte die Reinheit der angebauten Kräuter gewährleisten und Verwechslungen verhindern. Mit dem Beginn der Neuzeit stellte man dann die Heilkräuter im Garten nach ihrer medizinischen Anwendung zusammen. Nun gab es ein Beet für Verdauungsbeschwerden, eines für Atemwegserkrankungen und so fort.

Hier einige Beispiele für Pflanzen, deren Heilkräfte erst nach dem Mittelalter genutzt wurden: Die Heilwirkungen der Kamille waren im antiken Griechenland bekannt, Hildegard von Bingen erwähnt sie nicht. Erst im 14. Jahrhundert tauchte die Heilpflanze in den Kräuterbüchern wieder auf. Das Johanniskraut wird noch im Lorscher Arzneibuch (um 790) gegen Melancholie empfohlen, dann verschwindet es aus der Literatur und wird erst 600 Jahre später als Mittel gegen Dämonen erwähnt. Und die heute so beliebte Ringelblume spielte in der mittelalterlichen Medizin überhaupt keine Rolle.

Der Kräutergarten heute

Fast alle Kräuter brauchen Sonne, Wärme und einen mageren trockenen Boden. Je mehr Sonnenlicht sie bekommen, desto mehr Aroma- und Inhaltsstoffe bilden sich. Eine weiß getünchte Südmauer oder Hauswand reflektiert die Sonne und bewirkt so ständig höhere Temperaturen als im übrigen Garten. Hier ist der ideale Platz für das Kräuterbeet.

In gemischten Kräuterbeeten werden die stattlichsten Pflanzen nach hinten gesetzt, zum Beispiel Liebstöckel oder Fenchel. Mittelhohe Kräuter belegen den Hauptteil des Beetes, hierher gehören Salbei, Oregano, Basilikum, Minze oder Melisse, etwas kleiner sind Estragon, Dill und Wermut. Mit niedrigen und teppichartig wachsenden Arten wie Thymian lassen sich die Beete einfassen.

Einige wenige Kräuter wie Pfefferminze und Liebstöckel ziehen einen feuchten, humosen Boden vor. Sie gedeihen auch im Halbschatten.

Eine Platz sparende Alternative zum Beet ist die Kräuterspirale, die zudem den besonderen Ansprüchen der Pflanzen an den Boden gerecht wird. Eine dicke

Schicht Kies als Untergrund verhindert Staunässe. Darüber wird aus Natursteinen eine Spirale gesetzt, die zur Mitte hin nach oben ansteigt. Der Raum innerhalb der Mauer wird mit verschiedenen Pflanzerden gefüllt: uten beginnend mit nährstoffreicher, lehmiger Gartenerde, wird die Mischung nach oben hin zunehmend sandiger und trockener. Geeignete Kräuter sind von unten nach oben: Minze, Melisse, Schnittlauch, Kerbel, Petersilie, Basilikum, Liebstöckel, Fenchel, Ysop, Bohnenkraut, Dill, Estragon, Lavendel, Oregano, Rosmarin, Thymian, Salbei.

Kräuter ernten und verarbeiten

Küchenkräuter werden nach Bedarf frisch geerntet. Einfach die Blätter vorsichtig abpflücken, kurz unter fließendem, lauwarmem Wasser waschen und sofort verwenden. Die Ernte der Teekräuter erfolgt am späten Vormittag bei trockenem Wetter. Eine Woche vor Vollmond soll der Gehalt an Inhaltsstoffen am höchsten sein.

Die Kräuter werden in einem luftigen, schattigen Raum entweder gebündelt und mit dem Kopf nach unten aufgehängt oder auf Küchenkrepp ausgelegt und getrocknet und anschließend in dunklen Gläsern oder gut verschließbaren Steingefäßen aufbewahrt.

Für die Verarbeitung gibt es mehrere Möglichkeiten. Im Mittelalter war Latwerge sehr verbreitet, ein marmeladeartiger Brei, der möglichst getrunken werden sollte. Dazu wurden die im Mörser zerriebenen und pulverisierten Kräuter mit Wein oder Honig gemischt.

Für die Teezubereitung wird das Kraut klein geschnitten. Je nach Kraut ein bis vier Teelöffel Kraut in die Tasse geben, mit kochendem Wasser übergießen und zehn Minuten lang ziehen lassen. Gelegentlich umrühren, anschließend abseihen.

Für Kräutersalz werden die getrockneten Kräuter im Mörser fein zerstoßen und mit Meersalz vermischt.

Die wichtigsten Heilkräuter

Andorn

Walahfrid Strabo erwähnt ihn erstmals als Gartenpflanze. Der **Andorn (Marrubium vulgare)** gehört zur Familie der Lippenblütler und wächst wild vom Mittelmeer bis Zentralasien. Man findet ihn an Wegrändern und

Brachflächen. Andorn hilft gegen Beklemmungen der Brust, bei Husten und Heiserkeit und bei Verdauungsstörungen. Einst galt er als wirkungsvolles Gegenmittel bei Vergiftungen und Schlangenbissen.

Eberraute

Sie gehört zur Familie der Korbblütler und ist eine nahe Verwandte von Beifuß und Wermut. Die **Eberraute (Artemisia abrotanum)**, auch Stabwurz genannt, riecht erfrischend zitronenartig bis in den tiefen Winter hinein. Wegen ihres Duftes wurde sie gerne in Riechsträuße und Potpourris gesteckt. Ein getrockneter Strauß im Kleiderschrank soll Flöhe und Motten vertreiben. Bäuerinnen übertünchten sonntags mit ihm den Stallgeruch ihrer Kleidung. Hildegard von Bingen empfahl, den Saft der Eberraute auf Beulen, Geschwüre und Grind aufzutragen. Heute wird die Pflanze nur noch in der Homöopathie bei Appetitlosigkeit und Frostschäden genutzt. Weitere medizinische Anwendungen sind nicht anerkannt.

Walahfrid Strabo pflanzte die Eberraute an die Außenmauer seines Gartens. Ein solcher Platz kommt dem immergrünen Halbstrauch sehr entgegen, da er mit 1,5 Metern recht hoch wächst. Er eignet sich auch als Heckenpflanze.

Fenchel

Der zweijährige **Fenchel (Foeniculum vulgare)** wurde bereits in der Antike als Gartenpflanze kultiviert. Die zunächst hellgrünen und nach oben hin blaugrün werdenden Triebe wachsen bis 1,5 Meter hoch; charakteristisch sind das federartige, feine Laub und die kleinen gelben, in vielen Dolden angeordneten Blüten. Die Samen besitzen feine Längsrillen: Drüsengänge, die ätherische Öle enthalten.

Seit jeher sind Blätter und Samen des Gewürzfenchels in der Küche geschätzt. Die Römer gaben Fenchel als Gewürz zu fast allen Gerichten, heute nimmt man Fenchelsamen zum Würzen von Brot und Gebäck, von Gemüse, Salat oder Suppen und bei der Herstellung von Likören. Die aromatische Knolle des Gemüsefenchels wird als Gemüse verzehrt. In der Fastenzeit stillt er das Hungergefühl.

In der Volksmedizin wurden ihm zahlreiche, auch einander widersprechende Heilwirkungen zugesprochen. Unbestritten ist seine Hilfe bei Verdauungsstörungen, Blähungen und Magenkrämpfen sowie als Schleimlöser und Hustenmittel. Fencheltee wird häufig Babys und Kleinkindern gegeben.

Im Garten bildet Fenchel auch im Blumenbeet einen Blickfang. Er ist anspruchslos und winterhart, am prächtigsten gedeiht er in fruchtbarer, feuchter und durchlässiger Erde und in der vollen Sonne.

Für Fencheltee einen Teelöffel Samen im Mörser zerdrücken und mit einer Tasse kochendem Wasser übergießen. Zugedeckt 10 Minuten ziehen lassen und abseihen.

Griechisch Heu, Bockshornklee

Das **Griechische Heu** (Trigonella foenum-graecum) oder **Bockshornklee** verströmt einen schönen Honiggeruch. Seine Heimat liegt im östlichen Mittelmeerraum. Es wurde wegen seines intensiven Duftes als Heilpflanze angesehen und angebaut. Getrocknete Büschel kamen in die Schränke oder ins Potpourri.

Das einjährige Kraut wird etwa 50 cm hoch. In der modernen Pflanzenmedizin nimmt man den Samen bei Appetitlosigkeit. Er scheint auch den Blutzuckerspiegel zu senken.

Liebstöckel

Der **Liebstöckel** (Levisticum officinale) ist eine 1 bis 2 Meter hoch wachsende, sehr ausladende Staude aus der Familie der Doldengewächse. Sie riecht intensiv aromatisch. Ihr deutscher Name ist eine Abwandlung des lateinischen Wortes leuisticum.

In der mittelalterlichen Heilkunde und Volksmedizin war Liebstöckel geschätzt. Der hohle Stängel wurde gern als Strohhalm genutzt: Wenn man damit warme Milch trinkt, reichert sie sich mit dem ätherischen Öl an und wird zum schleimlösenden Hustenmittel. Heute werden die Blätter und die Wurzel gegen Blähungen, Aufstoßen, Sodbrennen, Völlegefühl und andere Magenbeschwerden benutzt sowie als harntreibendes Mittel bei Ödemen zum Beispiel an den Füßen. In der Schwangerschaft sollte man es nicht oder nur sparsam verwenden. Bei empfindlichen Personen können seine Inhaltsstoffe eine Lichtallergie auslösen.

Bei Verdauungsbeschwerden hilft eine Tasse Tee, die eine halbe Stunde vor der Mahlzeit getrunken wird. Als harntreibendes Mittel bei einer Durchspülungstherapie sollte man 2–3-mal täglich 1 Tasse Tee trinken.

Liebstöckel wird gerne Magenbitter zugegeben. Die Blätter des Liebstöckels nutzt man auch als Würzkraut für Suppen und Eintöpfe.

Volkstümlich werden sie wegen des charakteristischen Geruchs auch Maggikraut genannt.

Der Strauch braucht viel Platz im Garten und kommt als Solitärpflanze richtig zur Geltung. Der Boden sollte tiefgründig und nährstoffreich sein. Die Blüten locken Insekten an.

Melisse

Die heute so beliebte **Melisse (Melissa officinalis)** kam erst im 11. Jahrhundert durch den islamischen Arzt Avicenna nach Spanien und von dort in die Klostergärten Mitteleuropas. Die ausdauernde Staude aus der Familie der Lippenblütler wächst etwa 1 Meter hoch. Albertus Magnus beschreibt ihre kleinen weißen Blüten als „von gutem Geruch und aromatisch". Sie ziehen die Bienen an, daher auch der Name Melisse, vom griechischen „melissa – Biene". Melisse wird als Gewürz- und Heilpflanze angebaut.

Hildegard von Bingen äußert sich begeistert, das nach Zitrone duftende Kraut habe „die Kräfte 15 anderer Kräuter in sich". Melisse wirkt krampflösend, beruhigend, antibakteriell und verdauungsfördernd.

In der Küche passen frische Melissenblätter als Gewürz zu den meisten Speisen, zum Beispiel zu Salaten, Saucen, Fleischgerichten oder süßen Speisen.

Im Garten neigt Melisse zum Wuchern und sät sich selbst aus. Sie mag leichten Schatten und eine humose, durchlässige Erde. Die Wurzeln reichen bis in 30 cm Tiefe. Melisse übersteht gut den Winter, ist allerdings empfindlich gegen Mehltaupilze.

Für einen Melissentee werden zwei Teelöffel junge Blätter mit kochendem Wasser übergossen; zugedeckt fünf Minuten ziehen lassen und abseihen. Eine Tasse Tee mehrmals täglich hilft bei Magen-Darm-Beschwerden.

Die ausgleichende Wirkung entfaltet Melisse in einem Vollbad. Dazu werden 50 bis 60 g Melissenblätter in 1 Liter Wasser zum Kochen gebracht. 10 Minuten ziehen lassen, abseihen und den Sud ins 38 °C warme Badewasser geben.

Minzen

Minzen oder Mentha waren im Mittelalter hochgeschätzte Heilkräuter. Allein im Herbularius des St. Galler Klosterplans sind drei Minzearten aufgeführt (menta, sisimbria, pulegium).

Walahfrid kämpfte mit den verschiedenen Arten, Unterarten, Sorten und Varietäten, dazu gibt es neben den Kulturformen auch wilde Formen und Bastarde. Die **Pfefferminze (Mentha piperita)** entstand erst spät und zufällig. Sie wird erstmals Ende des 17. Jahrhunderts erwähnt.

Echte Minzen gehören zur Familie der Lippenblütler. Es sind aromatische, mehrjährige Kräuter, sie duften würzig-pfeffrig, schmecken erfrischend und wirken mit ihren rosa bis lila oder weißen Blüten sehr dekorativ. Das Kraut behält sein Aroma auch in getrocknetem Zustand.

Der Minze werden in der Volksmedizin zahlreiche Heilwirkungen zugeschrieben. Anerkannt ist die Wirkung von Minzetee und -tinktur bei Koliken sowie bei Leber- und Gallenbeschwerden. Das Menthol wirkt krampflösend und desinfizierend; äußerlich angewandt, kühlt es und entspannt bei Juckreiz.

Im Garten neigt die Pfefferminze zum Wuchern und ist nur schwer einzudämmen. Alle Minzearten mögen einen sonnigen bis halbschattigen Standort und eine humose, feuchte Erde. Pfefferminzsamen sind steril.

Für einen Minzetee werden 3 Teelöffel Pfefferminzblätter mit kochendem Wasser übergossen, zugedeckt 10 Minuten ziehen lassen und abseihen.

Katzenminze

Die **Katzenminze (Nepeta cataria)**, von Walahfrid Strabo als nepeta bezeichnet, ähnelt mit ihren Blättern einer Nessel. Sie gehört zwar wie die Minzen zu den Lippenblütlern, ist aber keine Mentha-Art. Ihr von den Blättern und Blüten ausgehender zitronenartiger Geruch lockt die Katzen an. Katzenminzesaft, mit Rosenöl gemischt, ergab einst eine wirksame Wundsalbe. Albertus Magnus schätzte die Katzenminze als duftende, dekorative und üppig blühende Minzeart und empfahl sie für den Ziergarten. Sie gilt als eine der besten Bienenpflanzen.

Raute/Weinraute

Die knapp 1 Meter hohe **Weinraute (Ruta graveolens)** stammt aus dem Mittelmeerraum. Als Heilkraut war der Halbstrauch stets sehr angesehen und als Gegengift sollte er gegen Gift, Schlangen, Pilze, Skorpione, Tollwut und mehr helfen. Die Raute galt als Zauberkraut.

Im mittelalterlichen Klostergarten wurden Raute (ruta) und Salbei (salvia) in enger Nachbarschaft gepflanzt, denn die Raute ergänzt als Unheil abwehrende Pflanze den Heil bringenden Salbei. Im Herbularius von St. Gallen war das neunte Beet dem Salbei, das zehnte Beet der Raute vorbehalten und auch im Garten von Walahfrid Strabo standen die beiden Pflanzen nebeneinander.

Es galt der Spruch: „Salvia cum ruta, faciunt tibi pocula tuta.“ Übersetzt: „Salbei und Raute in deinem Wein lassen dir Gift nicht schädlich sein.“ Man setzte dem Wein häufig die bitter schmeckende Raute zu, um ihm eine mögliche Giftwirkung zu nehmen. Daher stammt der Name Weinraute.

Hildegard von Bingen empfahl das Kraut der Raute gegen Melancholie. Heute weiß man, dass Raute zwar einen krampflösenden Wirkstoff enthält, in höheren Dosen jedoch gefährliche Nebenwirkungen auslösen kann. Empfindliche Menschen können auf die Blätter mit Ausschlägen oder Lichtallergie reagieren, schwangere Frauen sollten Raute ganz meiden. Lange Zeit waren Rauteblätter ein beliebtes Würzmittel, doch man sollte aus oben genannten Gründen nur sparsam würzen.

Albertus Magnus schätzte die Raute aufgrund ihres herb-aromatischen Duftes, außerdem besitzt sie dekorativ gefiederte Blätter und verscheucht durch ihre Bitterkeit giftige Tiere aus dem Garten. Heute wird die Raute nur selten angebaut. Sie mag einen sonnigen Standort und ist recht anspruchslos. Ihre kleinen Blüten locken Insekten an.

Rosmarin

Der aus dem Mittelmeerraum kommende **Rosmarin (Rosmarinus officinalis)** ist ein immergrüner Strauch aus der Familie der Lippenblütler. Seine Zweige sind dicht beblättert, die kleinen blassblauen Blüten erscheinen zwischen Mai und Juni. Er ist nicht winterhart und muss als Topf- oder Kübelpflanze gehalten werden.

Der Rosmarin war der Liebesgöttin Freyja geweiht, Bräute trugen einen Kranz aus Rosmarinschmuck. Gleichzeitig galt Rosmarin als Pflanze des Todes und man gab sie den Verstorbenen mit in den Sarg. Im 16. Jahrhundert löste dann die Myrte den Rosmarin als Brautschmuck und Totenblume ab.

Im St. Galler Klosterplan ist für rosmarino ein Beet im Herbularius vorgesehen. Man nutzte das Kraut hauptsächlich zum Ausräuchern bei Seuchen; weitere Heilwirkungen wurden im Mittelalter kaum beachtet. Erst spät wurde die belebende und den Kreislauf stabilisierende Wirkung von Rosmarinöl entdeckt und die Damen nahmen es gegen Ohnmacht, Migräne und Kopfschmerz.

Rosmarinöl ist einer der Hauptbestandteile von Kölnischwasser. In größeren Mengen wirkt Rosmarin giftig und sollte während der Schwangerschaft gemieden werden.

Heute wird aus Rosmarin Tee zubereitet, er kommt in Kräuterlikör vor und als Gewürz in Bratwürsten. Als provenzalisches Kraut gehört er zur Mittelmeerküche. Beliebt ist er auch im Potpourri und Duftsäckchen.

Für den Garten gibt es robuste Sorten, die in milderen Gegenden den Winter überstehen. Rosmarin passt gut neben Salbei; beide brauchen einen sonnigen Platz und einen durchlässigen, leichten Boden. Dann kann er Jahrzehnte alt werden.

Für einen Rosmarintee einen Teelöffel zerkleinerte Blätter mit einer Tasse kochendem Wasser übergießen, 10 Minuten ziehen lassen und dann den Kräutersud abseihen.

Salbei/Gartensalbei

Er galt als das Heilkraut schlechthin, sein vom lateinischen „salvare – heilen" abgeleiteter Name sagt es schon. **Salbei (Salvia officinalis)** nimmt bei Walahfrid Strabo eine prominente Stelle ein: Das Kraut stand im ersten Beet und mit ihm begann Walahfrid sein Pflanzengedicht.

Salbei hilft gegen Blähungen, Völlegefühl und Durchfall. Ein Aufguss aus Salbeiblättern lindert, äußerlich aufgetragen, Schmerzen und übermäßigen Schweiß. Hildegard von Bingen empfahl Salbei unter anderen bei Mundgeruch, Verschleimung oder Heiserkeit. Bei Zahnfleischbluten und Halsentzündungen hat sich Salbeitee oder eine verdünnte Tinktur zum Gurgeln und Spülen bewährt. Er sollte nicht während einer Schwangerschaft genommen werden.

Der immergrüne, etwa 80 cm hoch wachsende Halbstrauch aus der Familie der Lippenblütler ziert jeden Garten. Er gilt als guter Nachbar zu Bohnen, Erbsen, Möhren, Fenchel und Kohl und passt auch zu Rosmarin. Sein Duft hält Raupen, Läuse und Schnecken fern, was ihn zur idealen Randbepflanzung eines Gemüsebeets macht. Nach Albertus Magnus sollte man die Salbeiblüten abzupfen, dann wächst die Pflanze besser und bildet mehr Blätter.

Junge Blätter können ganzjährig geerntet werden; sie gehören als Gewürz in die mediterrane Küche. Seine hübschen violetten Lippenblüten eignen sich zum Dekorieren von Speisen und dürfen mitgegessen werden. Im Frühjahr muss er geschnitten werden.

Für die Teezubereitung 2 Teelöffel Salbeiblätter mit 1 Tasse kochendem Wasser übergießen, dann zugedeckt 10 Minuten ziehen lassen und den Kräutersud abseihen.

Thymian

Der intensiv duftende, immergrüne Halbstrauch **Thymian (Thymus vulgaris)** war in der Antike bekannt und wurde von den Benediktinern nordwärts gebracht. In der Volksheilkunde galt er fast als Allheilmittel. Anerkannt ist die Wirkung von Thymiantee bei Erkrankungen der oberen Atemwege, Bronchitis und Keuchhusten. Für die Teezubereitung 2 Teelöffel Kraut mit 1 Tasse kochendem Wasser übergießen, zugedeckt 5 Minuten ziehen lassen und abseihen. Mehrmals täglich eine Tasse heiß trinken.

In der Küche ist Thymian als Würzkraut bekannt. Er bildet zusammen mit Rosmarin, Oregano, Bohnenkraut und Lavendel die Urmischung der provenzalischen Kräuter.

Lavendel und Thymian gelten als klassische Pflanzenkombination. Thymian bleibt niedrig und bildet Matten, Lavendel strebt in die Höhe. Beide Partner brauchen Sonne, Wärme, Trockenheit und einen windgeschützten Platz. Im Winter sollten sie mit Reisig oder Vlies abgedeckt werden. Thymian eignet sich auch als Beeteinfassung, zumal er Blattläuse und Kohlweißlinge abwehrt.

Wermut

Walahfrid Strabo bezeichnet den **Wermut (Artemisia absinthium)** als „Mutter der Kräuter". Eng mit ihm verwandt sind die Eberraute und der Beifuß. Die Heimat des aromatisch duftenden Halbstrauchs liegt in den trockenen Gebieten Europas und Asiens. Seine dichte Behaarung lässt ihn silbergrau glänzen, die gelben Köpfchenblüten erscheinen von Juli bis September.

Die Ägypter nutzten Wermut für kultische Zwecke und die antiken Griechen kannten Wermutwein. Obwohl das bitter riechende und schmeckende Kraut weder im Capitulare noch im St. Galler Klosterplan aufgeführt ist, war Absinth im Mittelalter bekannt und verbreitet. Tatsächlich galt es in der Volksmedizin lange Zeit als Universalheilmittel. Man nahm es gegen vielerlei Beschwerden, etwa Appetitstörungen, Durst, Fieber,

Kopfschmerzen, Schwindel, Verdauungsprobleme und Würmer. Walahfrid empfahl, sich bei „quälenden Schwindel" einen Aufguss aus Wermutkraut über den Kopf zu gießen und danach einen Wickel aus Wermut-Blättern aufzusetzen. Dort könne er „zahlreiche Stunden" verbleiben und seine Wirkung entfalten.

Wermut enthält verdauungsfördernde und magenstärkende Bitterstoffe, aber auch Giftstoffe mit halluzinogener Wirkung. Wermut darf nicht in hohen Dosen oder über längere Zeit angewandt werden, auch in der Schwangerschaft sollte man auf Wermut verzichten.

Im Garten gedeiht Wermut problemlos an einem sonnigen, trockenen Standort. Junge Triebe kann man fortlaufend ernten und in kleinsten Mengen als Gewürz für Eintöpfe und fette Speisen verwenden. Wermutjauche hilft gegen Blattläuse und andere Pflanzenschädlinge.

Hortus – der Gemüsegarten

Die Selbstversorgung der Mönche und Nonnen ist nach den Regeln des heiligen Benedikt ein wichtiges Element im Klosterleben. Die Ordensleute kultivieren das Land in großem Stil, legen Gemüsegärten an und züchten neue Sorten. So wird der Gartenbau zur Domäne der Klöster und behält zumindest im biologisch-dynamischen Gartenbau diese Rolle bis heute.

Der klösterliche Gemüsegarten

Der Hortus im Klosterplan von St. Gallen führt 18 Pflanzen auf, darunter Wurzelkräuter, Zwiebelgewächse, Blattgemüse und Speisewürzen. Auch die im Herbularius genannte Stangenbohne gehört als Hülsenfrucht zu den Gemüsen.

Eine große Anzahl der Pflanzen – Koriander, Dill, Mohn, Petersilie, Kerbel, Pfefferkraut und Schwarzkümmel – sind Speisewürzen. Zählt man noch die Zwiebelgewächse hinzu, die sowohl zum Gemüse als auch zu den Würzen gehören, dann belegt die Liste die hohe Wertschätzung dessen, was die Speisen bekömmlich und dem Körper zuträglich macht.

Einige Gemüsearten können bis in die Jungsteinzeit nachgewiesen werden. Die meisten Pflanzen wurden im Altertum kultiviert und kamen mit den römischen Eroberern aus dem Mittelmeerraum in die Gebiete nördlich der Alpen. In den Klöstern wurden sie weiter gezogen, verfeinert und gezüchtet. Neue Sorten entstanden durch Auslese und Kreuzungen, doch eine wirklich große Vielfalt an Gemüsepflanzen gab es erst im Laufe des 19. Jahrhunderts.

Viele der damaligen Gemüsepflanzen unterscheiden sich erheblich von denen, die wir heute kennen und schätzen. Es gab zum Beispiel noch keine Kohlköpfe. Manche Arten wie Pastinak, Amaranth und die Gartenmelde sind heute in Vergessenheit geraten. Andere wiederum wurden in den letzten Jahren wieder entdeckt, so etwa der Mangold.

Der Gemüsegarten heute

Der klassische Bauern- oder Schrebergarten kommt dem St. Gallener Hortus recht nahe, wird heute in dieser Form aber immer seltener angelegt. Beliebter sind inzwischen Mischkulturen aus Gemüse, Kräutern und Zierpflanzen.

Der richtige Standort ist unabdingbar für eine gute Ernte. Nur wenige Gemüsesorten wachsen überall gleich gut, hierzu gehören Kohl, Porree und Salat. Andere stellen besondere Anforderungen an Boden und Klima. Ein trockenes Frühjahr bekommt den Fruchtgemüsen, ein trockener Herbst der Zwiebel. Tomaten, Bohnen und Gurken verlangen viel Sonne und Wärme. Möhren gedeihen nur auf leichtem Boden.

Alle Gemüse brauchen mehr oder weniger Nährstoffe in Form von Kompost oder Dünger, denn sie entziehen dem Boden mehr Nährstoffe als dieser bereitstellen kann. Bezüglich ihrer Nachbarn erweisen sich die Gemüsearten oftmals als wählerisch. Einige Arten harmonieren miteinander, andere bekämpfen sich und behindern gegenseitig das Wachstum. Manche sollten nicht nebeneinander stehen, weil sie dieselben Schädlinge anlocken, etwa Salat und Sellerie, Zwiebeln und Bohnen, Zwiebeln und Kohl, Zwiebeln und Lauch. Gegen die im Gemüsegarten allgegenwärtigen Schnecken helfen Salbei und Thymian, Ringelblumen und Kapuzinerkresse.

Durch geschickte Auswahl der Pflanzen lassen sich im Laufe des Jahres auf einem Beet nacheinander mehrere Gemüsearten ziehen. Man verlängert die Erntezeit, wenn man die gleichen Sorten im Frühjahr mehrmals hintereinander sät.

Die wichtigsten Gemüsearten

Zwiebelgemüse

Zwiebelgemüse wurde und wird heute noch sowohl als Gemüse als auch zum Würzen verwendet, außerdem besitzt es eine starke Heilwirkung. Im St. Galler Klosterplan stehen Zwiebel (cepas) und Lauch (porros) gleich an den ersten beiden Stellen des Hortus, es folgen Knoblauch (alias) und eine weitere Zwiebelart (ascolonias), die sich nicht genau bestimmen lässt.

Die **Küchenzwiebel (Allium cepa)** hat ihren Namen vom lateinischen „cepe – Zwiebel". Sie stammt aus Mittelasien, wo sie schon seit Jahrtausenden genutzt wurde, und kam über Ägypten nach Europa. Bei den Römern waren Zwiebeln und Knoblauch außerordentlich beliebt. Mittlerweile gibt es sie in vielen Farben und Formen und mit Gerüchen und Geschmäckern von mild bis scharf.

Die Zwiebel wirkt leicht antibiotisch; äußerlich aufgetragen, hilft sie wirkungsvoll bei Insektenstichen und Ohrschmerzen. Sie regt den Appetit und die Verdauung an und schützt vor Gefäßerkrankungen.

Zwiebeln brauchen einen humusreichen, lockeren und tiefgründigen Boden; Staunässe vertragen sie nicht. Steckzwiebeln setzt man im März oder April (Sommerzwiebeln) beziehungsweise im September (Winterzwiebeln). Letztere müssen über den Winter abgedeckt werden. Geeignete Partner sind Dill, Möhren, Gurken, Salat und Tomaten. Möhren und Zwiebeln schützen sich gegenseitig vor Fraßschädlingen;.so vertreibt die Möhre durch ihren Geruch die Zwiebelfliege und umgekehrt die Zwiebel die Möhrenfliege.

Eine Varietät der Küchenzwiebel ist die **Schalotte**. Bei ihr bilden sich um die Hauptzwiebel herum mehrere kleine Tochterzwiebeln. Schalotten schmecken würziger als die Küchenzwiebel.

Auch der **Lauch (Allium porrum)** gehört zu den Zwiebelgewächsen. Die Germanen bezeichneten mit Lauch alle zwiebelartigen Gewächse mit saftreichen Blättern. Man kannte und kultivierte ihn bereits in Ägypten, die Römer genossen ihn ausgiebig. Er wird nach wie vor als Gemüse benutzt, beliebt ist er auch als Suppenkraut zusammen mit Möhren und Sellerie.

Im Garten lässt sich Lauch leicht kultivieren, vorzugsweise auf einem tiefgründigen, nährstoffreichen Boden. Als Starkzehrer braucht er reichlich Dünger oder Kompost. Geerntet wird von August bis April, und zwar bevor er Blüten treibt. Fraßschädlinge wie die Maden der Zwiebelfliege oder die Raupen der Lauchmotte treten häufig auf. Eine Netzabdeckung hilft bei der Abwehr.

Sellerie

In germanischen Gebieten hieß der **Sellerie (Apium graveolens)** ursprünglich Eppich, eine Abwandlung des Wortes apium. Apium wiederum ist Latein und bedeutet „von der Biene bevorzugt".

Sellerie ist ein zweijähriges Doldengewächs. Im ersten Jahr wächst eine Rosette, im zweiten Jahr bildet er die kleinen unscheinbaren Blüten aus. Die Blätter verströmen den charakteristischen Selleriegeruch.

Im Klostergarten nimmt Sellerie einen festen Platz ein. Er war im Mittelalter sicher weit häufiger anzutreffen als heute. Die Sellerieknolle fand zunächst als Speisewürze Verwendung, später auch als Gemüse.

Walahfrid empfiehlt fein zerriebene Selleriesamen wegen ihrer harntreibenden Wirkung gegen Blasenleiden. Ihre Wurzel half bei Verdauungsstörungen; ein Aufguss aus Sellerie, Wasser und Essig linderte Übelkeit und Brechreiz. Nachgewiesen ist eine anregende Wirkung auf Blase und Niere; Kraut und Knolle wirken harntreibend und fördern die Verdauung. Angeblich wirkt er auch als Aphrodisiakum, volkstümlich wurde er auch Geilwurz genannt. Mancherorts galt für Priester gar ein Sellerieverbot.

Sellerie liebt die Nähe des Wassers und ein mildes Klima. Damit fand er auf der Reichenau im Bodensee ideale Anbaubedingungen. Als Starkzehrer braucht Sellerie reichlich Kompost oder Dünger. Geerntet wird vor dem ersten Frost.

Heute kennt man drei Formen: Knollen-, Bleich- und Schnittsellerie. Beim Bleichsellerie wird die Erde dreimal angehäufelt. Dazu schiebt man etwas Erde an die Pflanze heran, was die Blattstiele bleich werden lässt. Man verzehrt die Blattstiele, eine Knolle bildet der Bleichsellerie nicht aus. Schnittsellerie hat kleinere Blätter, dünne Stängel und dient als Gewürzpflanze. Eine Mischung aus getrockneten Blättern mit Kochsalz wird als Selleriesalz angeboten. Die Knolle des Knollenselleries wird bis zu 20 cm groß. Ihr weißes Fleisch verfärbt sich schnell an der Luft ins Braune. Schnittstellen mit Zitronensaft einreiben oder luftdicht verpacken.

Rettich

Der **Gartenrettich (Raphanus sativus)** stammt vermutlich aus Vorderasien und kam über Ägypten, Griechenland und Rom nach Mitteleuropa. Im St. Galler Klosterplan ist er als radices aufgeführt. Wahrscheinlich kannte man damals schon verschiedene Rettichsorten. Eine von ihnen, das Radieschen, entstand allerdings erst sehr viel später.

Rettich gehört zu den Kreuzblütlern; er besitzt rosettenartige, bis zu 40 cm lange Blätter und blüht im zweiten Jahr. Er ist ein recht anspruchsloses Gewächs und lässt sich ganzjährig anbauen. In der Küche nutzt man die große fleischige Rübe und verzehrt sie in Scheiben geschnitten und gesalzen roh. Frisch geriebener Rettich weckt den Appetit und fördert die Verdauung. Im Frühjahr bildete er auf dem Speiseplan eine willkommene Abwechslung. Hildegard von Bingen empfahl ihn als Speise nur für Gesunde „den Kranken und Mageren" – so schrieb sie – „schädigt er". Rettich treibe nämlich die üblen Säfte und den Unrat aus dem Menschen aus.

Tatsächlich wirkt Rettichsaft schleimlösend und kann mit Honig bei Husten und Heiserkeit genommen werden. Außerdem wirken die Senföle als natürliches Antibiotikum. In größeren Mengen kann Rettichsaft den Magen reizen.

Mangold

Der im Mittelmeergebiet beheimatete **Mangold (Beta vulgaris)** stammt von der Wilden Runkelrübe ab und ist somit ein Verwandter der Zuckerrübe und der Roten Beete. Mit seinen bis zu 30 cm langen rötlichen Stielen und großen Blättern wirkt Mangold im Garten sehr dekorativ. Die Blüten sitzen an einem langen, aufrechten Blütenstängel. Mangold gehört zu den Gänsefußgewächsen; als zweijährige Pflanze bildet er im ersten Jahr die Blattrosette aus. Erst im zweiten Jahr entstehen die Blüten.

Im St. Galler Klosterplan ist betas aufgeführt, wobei nicht eindeutig hervorgeht, ob damit Mangold oder Rote Beete gemeint ist.

Man zieht Mangold wegen seiner Blätter. Tatsächlich ist Mangold ein schmackhafter Spinatersatz und wird auch so zubereitet. Die Stängel ähneln dem Spargel und werden gedünstet. In der Volksmedizin wurde Mangold zeitweilig als Mittel gegen Blutarmut, Nervosität, Darmträgheit und Entzündungen benutzt.

Er mag einen sonnigen bis halbschattigen Platz im Garten und einen tiefgründigen, nährstoffreichen Boden. Vor Frost geschützt, kann er im Freien überwintern. Man erntet die äußeren Blätter und Stiele, die Herzblätter bleiben stehen, denn die Pflanze wächst von innen heraus.

Lattich/Salat

Vom **Wilden Lattich (Lactuca serriola)** leiten sich die Sorten des Gartensalats ab. Er wurde bereits in Ägypten kultiviert und kam über Rom nach Mitteleuropa. Im St. Galler Klosterplan ist er mit seinem römischen Namen lactuca aufgeführt.

Lattich wird frisch verzehrt, mit Kräutern angemacht oder in einer Lake mit Salz und Essig eingelegt. Hildegard empfiehlt Lattich zusammen mit Dill oder

Essig. Weil er bis zu 96 Prozent aus Wasser besteht, ist sein Nährwert sehr gering.

Beim Anbau profitiert Lattich von Dill in direkter Nachbarschaft: Dieser fördert nämlich das Wachstum der Salate.

Pastinak und Rübe

Er ist eine sehr alte Kulturpflanze, wurde später aber völlig von der Möhre verdrängt. **Pastinak (Pastinaca sativa)** ist nahe verwandt mit der Möhre, beide gehören zu den Doldenblütengewächsen. Anders als die weißblütige Möhre besitzt Pastinak gelbe Blüten. Man findet ihn häufig als Unkraut an Straßenrändern und Feldrainen; das erinnert an die frühere, weit verbreitete Kultivierung.

Pastinak gedeiht hervorragend in unseren Breiten. Man verzehrt seine gelblich-weiße fleischige Rübe im Gemisch mit Möhren und Kartoffeln. Rübe und Blätter eignen sich auch zum Würzen.

Die **Möhre, Karotte** oder **Mohrrübe (Daucus carota)** wird im Capitulare genannt (carvita) und von Albertus Magnus beschrieben (daucus). Die heutige Gartenmöhre entstand vermutlich aus einer Kreuzung der Wilden Möhre mit der italienischen Riesenmöhre und kam erst im 16. Jh. nach Mitteleuropa.

Kraut

Der **Gemüsekohl (Brassica oleracea)** stammt vom Wildkohl ab. Dieser wächst heute noch wild an den Küsten des Mittelmeeres und des Atlantiks bis weit nach Norddeutschland und ist der Stammvater aller Kohlformen. Die Blätter des Wildkohls wachsen eher locker, ähnlich wie der Mangold. Heute besitzt der kultivierte Kohl einen stark gestauchten Hauptspross und seine glatten Blätter bilden einen Kopf. Die gelben Kreuzblüten erscheinen im Juni.

Seit der Antike wird Kohl kultiviert. Auch nördlich der Alpen war er bekannt. Er steht als caulas im St. Galler Klosterplan und gewiss fehlte er in keinem Nutzgarten. Kohl ist sehr zuträglich und wird als Wintergemüse geschätzt. Hildegard empfahl Kohl nur für gesunde Menschen. Sie befürchtete, Kohlgemüse könne Krankheiten erzeugen und schwache Eingeweide verletzen.

Zur Haltbarmachung wird Kohl kleingeschnitten, in Salzlake eingelegt und in Holzfässern gesäuert. Diese Technik wurde in den Klöstern perfektioniert – damit war das Sauerkraut erfunden.

Auch Heilwirkungen wurden dem Kohl zugeschrieben. In der Antike galt er als Mittel gegen Trunkenheit. Wahrscheinlicher ist die Wirkung seines Saftes gegen Sodbrennen und Magengeschwüre. Äußerlich wurde er bei Zahnschmerzen, Gicht und Rheuma angewandt; man legte heiße Kohlumschläge auf die schmerzenden Stellen.

Kohl gedeiht gut, wenn er ausreichend Wasser und Nährstoffe bekommt. Fraßschädlinge kann man abhalten, indem man den intensiv riechenden Sellerie nebenan pflanzt.

Kürbis/Flaschenkürbis

Zur Zeit Walahfrid Strabos kannte man nur den **Flaschenkürbis** oder **Kalebasse (Lagenaria siceraria, syn. Cucurbita lagenaria)**, die einzige in Europa damals bekannte und genutzte Kürbisart. Auch Hildegard von Bingen sprach vom Flaschenkürbis, als sie den Kürbis zum Verzehr empfahl.

Der heute übliche **Garten-** oder **Speisekürbis (Cucurbita pepo)** kam erst nach der Entdeckung Amerikas nach Europa. Seine Heimat liegt nämlich in Mexiko. Die beiden Kürbisarten lassen sich an der Blüte unterscheiden. Der Flaschenkürbis blüht weiß und nur eine Nacht, der Gartenkürbis besitzt eine gelbe Blüte und öffnet sich tagsüber.

Kürbis wurde als Gemüse verzehrt und kam an Fastentagen auf den Tisch. Walahfrid empfahl, das noch mürbe Fruchtfleisch herauszuschaben und in Fett zu braten. Junge, noch nicht ausgereifte Früchte werden gekocht und wie Zucchini verarbeitet oder als Kürbissuppe zubereitet. Die voll ausgereiften Kürbisse bleiben richtig gelagert oder eingelegt bis weit in den Winter hinein genießbar. Sie werden im Spätherbst geerntet, wenn der Stiel verholzt. Die großen Blüten kann man ebenfalls essen oder zur Dekoration verwenden. Walahfrid Strabo verwendete die Kürbisse auch als Gefäße zur Vorratshaltung. Dazu ließ er die Früchte den Sommer über ausdörren und höhlte sie anschließend aus.

Wer Kürbis im Garten anbauen möchte, braucht einen nährstoffreichen Boden, reichlich Gießwasser und viel Sonne. Er mag es nämlich warm, feucht und windgeschützt. Ein guter Platz zum Anpflanzen von Kürbissen ist neben dem Komposthaufen oder auf Hoch- und Hügelbeeten.

Bohnen

Die Hülsenfrüchte gehören zu den ältesten Kulturpflanzen. Ihre Nutzung lässt sich schon für die Jungsteinzeit nachweisen. Im Capitulare ist fasiolum aufgeführt, im St. Gallner Klosterplan steht fasiolo. Damit bezeichnete man vermutlich alle essbaren grünen Bohnen (Vigna-Arten) und grenzte sie zu den dicken Bohnen (Vicia faba) ab.

Die heute übliche, aufrecht wachsende **Garten- oder Stangenbohne (Phaseolus vulgaris, Fisole)** stammt ebenso wie die **Feuerbohne (Phaseolus coccineus)** aus Mittel- und Südamerika. Die robustere und ertragreichere amerikanische Bohne verdrängte die alten Sorten mit ihren kleinen zierlichen Früchten nahezu völlig.

Die meisten kultivierten Hülsenfrüchte sind einjährige, kletternde Schmetterlingsblütengewächse mit gefiederten Blättern und Wickelranken. Sie sind nahrhaft, enthalten reichlich Eiweiß und Ballaststoffe, aber auch giftige Substanzen, die beim Kochen abgebaut werden. Man verwendet sie als Gemüse, verarbeitet sie zu Suppen, Püree oder Eintopf. Im Mittelalter kamen Bohnen und ihre Verwandten häufig auf den Tisch und waren eine bewährte Fastenspeise. Hildegard von Bingen empfahl Erbsen für Gesunde, fand sie aber schädlich für Kranke.

Gartenbohnen sind problemlos anzubauen. Sie können den Stickstoff aus der Luft aufnehmen und sich somit selbst ernähren. Man pflückt die Bohnen noch jung und zart. Nach der Ernte werden Laub und Stängel am Grund abgeschnitten, die Wurzeln bleiben im Boden und reichern ihn mit Stickstoff an. Buschbohnen sind kleiner und robuster als Stangenbohnen und brauchen keine Stütze. Bei allen Hülsenfrüchten sollte man dem

Boden und der Pflanzengesundheit zuliebe eine dreijährige Anbaupause einhalten. Das heißt: Nach der Ernte werden auf dieser Fläche andere Gemüsearten oder Pflanzen angebaut, nur eben keine Schmetterlingsblütler.

Küchen- und Gewürzkräuter

Anis

Anis oder **Pimpernell (Pimpinella anisum)** ist ein einjähriger, angenehm bis intensiv duftender Doldenblütler mit winzigen weißen Blüten und leuchtend grünen, fein gefiederten Blättern. Anissamen wurden zu Heilzwecken und als Gewürz benutzt. Tee und Inhalationen helfen gegen Mundgeruch und Hustenkrämpfe und fördern das Abhusten von Schleim.

Auch ist Anis wie Koriander, Kümmel und Fenchel ein beliebtes Brotgewürz. Besucher im Kolosseum in Rom beruhigten ihre Nerven mit Anissamen, zumindest fanden Archäologen bei Grabungen einige Samen.

Albertus Magnus empfahl die Anispflanze aufgrund ihrer Farbe und ihres Duftes als schöne Ergänzung im Ziergarten. Die Pflanze braucht viel Wärme und einen trockenen Herbst, damit die Samen gut ausreifen. Ansonsten gilt sie als sehr pflegeleicht.

Dill

Dill (Anethum graveolens) ist ein einjähriges Kraut und wächst zu einer stattlichen, bis zu 1,50 Meter hohen und stark duftenden Pflanze heran. Der Name Dill leitet sich vom althochdeutschen tilli ab, das sich auf die Blütendolde bezieht; seine kleinen, gelben Blüten sind nämlich in 50-strahligen Dolden angeordnet.

Die süß-aromatisch schmeckenden Dillblätter gehören als Würzkraut in die Küche. Frische Blätter passen zu Gurken- und anderen Salaten, zu Fisch und Hühnchen; Dillsauce bereichert Geflügel.

Die Samen wurden gelegentlich als Heilkraut benutzt, ihre Wirkungen ähneln denen von Kümmel und Fenchel. Hildegard von Bingen hielt nicht viel vom Dill: „Auf welche Art immer er gegessen wird, macht er den Menschen traurig.“ Im Volksglauben war die Ansicht verbreitet, Dill halte Dämonen und Hexen fern und bringe Glück.

Dill sät sich leicht und ausgiebig aus. Er braucht einen sonnigen, warmen und windgeschützten Standort und einen lockeren Boden. Als Nachbar von Gurken, Möhren, Zwiebeln und Salat ist er geschätzt und beliebt, weil er deren Keimung und Wachstum fördert. Gerne wird er als Folgekultur nach einem Starkzehrer angebaut. Seine Blüten ziehen Schmetterlinge an.

Kerbel

Der einjährige, buschig wachsende **Kerbel (Anthriscus cerefolium)** aus der Familie der Doldenblütler kam aus Westasien über Ägypten und Italien schon frühzeitig nach Deutschland. Als Küchen- und Würzkraut hatte er im Hortus des St. Galler Klosterplans als cerefolium einen festen Platz. Im Kloster diente Kerbel sicher auch als Beikost und Fastenspeise.

Das Kraut wird ähnlich wie Dill verwendet oder als Suppe zubereitet. Im Garten pflanzt man Kerbel gerne zwischen Salat oder Spinat, denn er vertreibt Ameisen, Blattläuse und Schnecken. Er braucht einen tiefgründigen, lockeren Boden und viel Sonne.

Knoblauch

Der **Knoblauch (Allium sativum)** ist eine mehrjährige, ursprünglich in Zentralasien beheimatete Zwiebelpflanze. Im Althochdeutschen fasste man unter clobelouch generell alle Laucharten mit spaltbarer Zwiebel zusammen. Sie besitzen keine Hauptzwiebel, sondern viele Nebenzwiebeln oder Zehen. Im Hortus des St. Galler

Klosterplan ist Knoblauch unter alias aufgeführt. Er wurde schon damals als Würze verwendet.

Knoblauch besitzt starke antibiotische Wirkungen und zahlreiche gesundheitliche Effekte. Als Schleimlöser hilft er bei Erkältungskrankheiten, er beruhigt Magen und Darm, verdünnt das Blut, senkt Blutdruck und Blutzucker und beugt Arteriosklerose vor.

Im Garten braucht die Knoblauchpflanze einen lockeren Boden, viel Sonne und Wärme und wenig Regen. Die Zwiebeln werden von September bis Oktober geerntet. Als Nachbar von Erdbeeren soll Knoblauch die Früchte vor dem gefürchteten Grauschimmel schützen. Die Knoblauchzwiebeln sind reif, wenn sich das untere Drittel der Pflanze gelb verfärbt.

Koriander

Auch der **Koriander (Coriandrum sativum)** ist eine uralte Kulturpflanze und erfreute sich im Altertum und in der Antike großer Beliebtheit. Im frühen Mittelalter war Koriander als Würz- und Heilmittel weit verbreitet. Er wird auch im Hortus von St. Gallen erwähnt.

Sein Name leitet sich vom griechischen „koris – Wanze" ab. Nach Wanze riechen alle Teile der Pflanze. Erst getrocknet weicht dieser unangenehme Geruch einem würzigen Aroma. Man verwendet die vollständig ausgereiften Früchte ganz, etwa in Form der weißen Perlen auf Honigkuchen, oder gerieben in verschiedenen Würzmischungen.

Koriander braucht viel Sonne und Wärme und einen leichten, kalkhaltigen Boden. Auch das Kraut lässt sich – ähnlich wie Petersilie – zum Würzen verwenden.

Kreuzkümmel

Echter Kümmel (Carum carvi) und Kreuzkümmel (Cuminum cyminum) gehören beide zu den Doldengewächsen: Ihre kleinen, meist weißen Blüten sind zu Dolden angeordnet, die Blätter fein gefiedert. Die Pflanzen duften aromatisch-würzig.

Im St. Galler Klosterplan wird der Kreuzkümmel genannt, ebenso bei Hildegard von Bingen. Der Name Kümmel leitet sich vom lateinischen cuminum ab und dieser wiederum vom griechischen kyminon. Kyminon bezeichnete den Kreuzkümmel, auch Römischer Kümmel oder Mutterkraut genannt. In der Antike war er als Gewürz geschätzt, im Mittelalter auch als vielseitige Arznei.

Die Verwendung als universelles Gewürz hält sich bis heute. Beide Kümmel sind beliebte Brotgewürze, passen zu Kohlgemüse, an Kartoffel und in Suppen. Kümmel ist Bestandteil mancher Curry-Mischungen.

Im Garten braucht Kümmel viel Sonne; er kann auch im Topf angepflanzt werden.

Mohn

Schlafmohn (Papaver somniferum) gehört zu den ältesten Kulturpflanzen überhaupt. Samen und Kapseln fand man in 4000 Jahre alten Pfahlbausiedlungen.

Das bestens bekannte Kraut papaver hatte ein eigenes Beet im Hortus des St. Galler Klosterplans. Hildegard von Bingen und Albertus Magnus nennen Mohnsamen mangones oder magsamen, eine alte germanische Bezeichnung, die erst im 18. Jahrhundert aus dem Sprachgebrauch verschwand. Somniferum heißt Schlaf bringend.

Aus dem reifen Samen gewinnt man Mohnöl oder man verwendet ihn zum Backen oder als Nascherei. Er enthält keine Alkaloide, die für die Rauschwirkung verantwortlich sind. Mohn wurde als vielseitiges Nahrungs- und Genussmittel angebaut und stand aufgrund der damaligen Verwendung im Hortus ganz richtig. Mohngebäck ist heute noch sehr in Ost- und Südosteuropa verbreitet.

Der Gartenmohn ist ein einjähriges Kraut und wird ab März an Ort und Stelle ausgesät, denn er verträgt keine Umpflanzung. Zur Blütezeit im Juni bis August gibt ein Mohnbeet ein großartiges pastellfarbenes Bild aus weißen, rosa und violetten Blüten. Klatschmohn blüht rot, den winterharten Hornmohn gibt es in Gold oder Rot. Sie alle brauchen einen sonnigen Standort und sandige, durchlässige Erde. Eine bewährte und beliebte Pflanzenkombination im Ziergarten sind Mohn und Lilie.

Petersilie

Die Petersilie (**Apium petrosilium syn. Petroselinum crispum**) stammt aus dem Mittelmeerraum und wurde schon früh kultiviert. Der Name petrosellum leitet sich vom griechischen petros und selinon ab; petros heißt Stein oder Felsen, selinon bezeichnet allgemein Doldengewächse, zusammen heißt es Steinsellerie.

Genutzt werden Wurzel und Kraut. Petersilie gilt als harntreibend und menstruationsfördernd. Hildegard empfahl Petersilie zusammen mit Steinbrech bei Steinleiden. Die Früchte galten als verhütendes und abtreibendes Mittel. Erst im 16. Jahrhundert eroberte das Kraut die Küche als vielseitig verwendbares Gewürz.

Das zweijährige, würzig riechende Kraut gibt es mit glatten und mit gekräuselten Blättern. Die unscheinbaren Doldenblüten bilden sich im Mai und Juni des zweiten Jahres.

Im Garten braucht es einen leicht schattigen Platz, nährstoffreiche Erde und viel Wasser. Es soll nicht zweimal hintereinander am gleichen Standort gepflanzt werden. Das Kraut ist empfindlich gegen Pilzkrankheiten und Wurzelschäden, seine Blätter verfärben sich schnell gelb. Die Kultur im Blumentopf beugt diesen Schwierigkeiten vor. Als Nachbar begünstigt Petersilie den Wuchs von Tomaten und schädigt Salat. Schön macht sie sich auch als Beeteinfassung in barocken Gartenanlagen.

Pfefferkraut

In Norddeutschland wird es **Bohnenkraut** genannt, südlich des Mains **Pfefferkraut**, botanisch heißt es **Satureia hortensis**. Das einjährige Kraut aus der Familie der Lippenblütler wächst bis 40 cm hoch, seine Stängel verholzen. Verwendet werden die duftenden, würzig schmeckenden Blätter. Im Spätsommer erscheinen kleine hellviolette Blüten, die Albert Magnus als „azurblau, ein wenig ins Weiße gehend" beschreibt.

Im Klosterplan von St. Gallen taucht Pfefferkraut als sata regia zusammen mit der Bohne (fasiolo) im Herbularius auf und noch einmal im Hortus. Als Würzkraut war es in der Antike bekannt, im Mittelalter galt es als eine der beliebtesten Würz- und Heilpflanzen. Es lässt Bohnengerichte besser schmecken, macht sie zuträglicher und fördert die Verdauung von fetten und blähenden Speisen. Auf diese Eigenschaft bezieht sich auch der Name, der vom lateinischen „saturare – sättigen" herrührt.

Beliebt war das Kraut auch als Ersatz für den teuren exotischen Pfeffer. Bohne und Bohnenkraut kamen allerdings erst zusammen, als die grünen Bohnen aus Amerika eingeführt wurden. Feinschmecker empfehlen, ein Bündel Bohnenkraut etwa 10 Minuten lang zusammen mit den Bohnen zu kochen, nicht länger. Das Kraut passt auch zu Fleischgerichten.

Das Kraut verleiht mit seiner späten Blüte und dem Duft dem Ziergarten eine besondere Note. Im Gemüsegarten hält es neben den Bohnen die Schwarze Bohnenblattlaus fern. An einem sonnigen, trockenen Platz wächst das anspruchslose Kraut recht buschig. Mehrjährige Arten wie das **Bergbohnenkraut (Satureja montana)** schmecken aromatischer.

Schwarzkümmel

Die Römer nannten den **Schwarzkümmel (Nigella sativa)** git oder gith nach seiner arabischen Bezeichnung. Im St. Galler Klosterplan wird der Schwarzkümmel als gitto geführt. Der botanische Name Nigella kommt vom schwarzen Samen, niger heißt schwarz.

Der Schwarzkümmel gehört zur Familie der Hahnenfußgewächse; mit dem Kreuzkümmel ist er nicht verwandt. Es ist ein einjähriges Kraut mit großen weißen Blüten und gefiederten Blättern. Verwendet werden die schwarzen Samen.

In Ägypten galt der Schwarzkümmel als „schwarzes Gold". In Mitteleuropa wurde er seit dem frühen Mittelalter kultiviert und als Pfefferersatz und Brotgewürz benutzt. Dann geriet er in Vergessenheit und wurde als Würzmittel bei Hülsenfrüchten und Bohneneintöpfen später wieder entdeckt.

In der Heilkunde half Schwarzkümmel gegen Hautpilze, Hühneraugen, Blähungen, Zahnschmerzen und Atembeschwerden. Heute setzt man ihn wegen seiner hochwertigen mehrfach ungesättigten Fettsäuren bei Asthma, Allergien und Neurodermitis ein.

Im Garten ist das einjährige Kraut problemlos zu ziehen. Die Samen sitzen in Fruchtkapseln und werden geerntet, sobald sie sich braun färben.

Pomarium – der Obstbaumgarten

Der Name Pomarium ist von der Römischen Göttin Pomona abgeleitet, der die reifenden Früchte gewidmet waren. Mit den Römern gelangten die Kulturformen in die Gebiete nördlich der Alpen. Doch erst die Aufforderung zum Anbau im Capitulare verschaffte dem Obstanbau den rechten Antrieb.

Ursprünge des Obstanbaus

Erste Versuche, Obst zu kultivieren, fanden bereits in der Jungsteinzeit statt. Archäologen fanden Kerne, Steine und getrocknete Früchte, die größer waren als das Wildobst.

Die Anfänge der heutigen Obstkulturen liegen allerdings überwiegend im Kaukasus. Hier sind viele Arten beheimatet. Die Griechen brachten von ihren Eroberungszügen auch Kulturformen des Obstes mit, so zum Beispiel Apfel, Pfirsich, Quitte und Pflaume. Die Römer beherrschten das Veredeln und konnten die Sorten erstmals rein halten.

Im Mittelalter wurden die Klöster zu Zentren des Obstbaus. Hier wurden Obstbäume gepflanzt und gezüchtet, die Früchte geerntet und verarbeitet. Noch heute weisen Sortennamen wie Klosterapfel, Klosterbirne, Carmeliterbirne, Karthäuser Reinette und viele mehr auf den Ort ihrer Entstehung hin. Später brachten die Mönche und Nonnen ihr Wissen über den Obstbau in die deutschen Ostsiedlungen.

Es war lange Zeit üblich, die Obstbäume in den Klosterfriedhof zu setzen, so auch im St. Galler Klosterplan. Hier wurden 14 Obstbäume und -sträucher symmetrisch zwischen 14 Grabplatten angeordnet.

Der Obstgarten heute

Die Auswahl geeigneter Obstbäume sollte gut durchdacht sein, denn Fehler lassen sich später kaum korrigieren. Folgende Kriterien gilt es zu beachten: klimatische Verhältnisse, Häufigkeit von Spätfrösten, Bodenart, Höhe des Grundwasserspiegels, Gartengröße, Wuchshöhe des Baumes und die Kronenform, gewünschter Unterwuchs, Pflegeaufwand, Resistenzen der Obstorten gegenüber Krankheiten und Schädlingen, Möglichkeiten der Befruchtung.

Spalierobst passt in jeden Garten, Beerensträucher lassen sich auch als Hecken oder Grenzbepflanzung ziehen. Die beste Pflanzzeit ist für die meisten Arten der Herbst. Im zeitigen Frühjahr erfolgt – falls nötig – der Pflanzschnitt. In der Krone muss ausreichend Luft zirkulieren können; einige Sträucher tragen nur an ein- oder zweijährigen Trieben Früchte, diese Triebe müssen nach der Ernte oder spätestens mit dem Frühjahrsschnitt entfernt werden. Außerdem beeinträchtigt zu dichtes Wachstum die Blüten- und Fruchtbildung. Es gilt, Krankheiten vorzubeugen und Schädlinge abzuwehren. Im Herbst fällt meist eine überreiche Ernte an und das Obst muss verarbeitet werden. Doch trotz allem gibt es wohl kaum eine größere Freude und einen sinnlicheren Genuss als die Früchte aus dem eigenen Garten.

Die wichtigsten Obstarten und Nüsse

Apfelbaum

Apfel ist der einzige Obstname, der nicht aus dem Lateinischen kommt, sondern einen germanischen Ursprung hat, nämlich apli. Der Wilde Apfelbaum hieß auch affolter, affaldra oder pomarios. Im St. Galler Klosterplan steht der **Apfel (malus)** an erster Stelle.

Man erkennt den bis zu 10 Meter hoch wachsenden Apfelbaum gut an seiner rundlich-kugeligen Krone und seiner hellen Borke. Seine Blüten sind außen rosa, innen gelb, besitzen gelbe Staubbeutel und erscheinen im April bis Mai. Der Apfel gehört zur Familie der Rosengewächse.

Der botanische Name des Apfels lautet **Malus domestica**. Malus bedeutet das Böse, das Unheil. Der

Apfel wird mit der Frucht vom Baum der Erkenntnis gleichgesetzt und gilt deshalb als Inbegriff des Bösen. Dabei wird er namentlich gar nicht in der Bibel genannt.

Um den Apfel ranken sich unzählige Geschichten und Mythen. Das keltische Paradies heißt Avalon (Apfelland). In der griechischen Mythologie erzählt eine Sage von den Hesperiden, den Töchtern des Atlas, die einen Apfelbaum mit goldenen, ewige Jugend spendenden Früchten pflegten. Der Trojanische Krieg wurde durch einen Apfel ausgelöst, denn Paris sollte der schönsten der drei Göttinnen Hera, Athene und Aphrodite einen Apfel übergeben.

Apfel- und Birnbaum bilden als Paar ein Liebesorakel. Der Apfelbaum steht für das Weibliche, für Liebe und Fruchtbarkeit, der Birnbaum für das Männliche. Der Reichsapfel gehörte zu den Krönungsinsignien der Herrscher des Heiligen Römischen Reiches Deutscher Nation; in der Hand von Fürsten diente er als Zeichen von Herrschaft und Macht, als Kugel mit einem Kreuz symbolisiert er die christliche Weltherrschaft.

Die frühen Christen hatten große Schwierigkeiten, die alten Symbole des Apfels zu verdrängen. In der christlichen Symbolik hat er die Bedeutung vom Sündenfall und der Vergänglichkeit des Lebens bekommen. Er steht aber auch für den Erlöser Christus.

Der Apfel ist eine der ältesten genutzten Wildobstarten. Die Botaniker kennen über 20 Wildarten, darunter den einheimischen **Holzapfel (Malus sylvestris)**. Die wenigsten würden ihn erkennen, denn er trägt Dornen und die kleinen gelben Früchte sind hart und schmecken bitter. In der Jungsteinzeit wurde der Holzapfel gesammelt und gedörrt.

Der Kulturapfel stammt nicht vom Holzapfel ab, sondern er kam aus dem Kaukasus nach Mitteleuropa. Äpfel werden sehr vielseitig verwendet, aus getrockneten Schalen lässt sich ein aromatischer, leicht süßer Apfelschalentee bereiten.

Der Apfelbaum gedeiht in kühl-feuchtem Klima auf humosem, lehmig-sandigem Boden. Die Apfelsorten können sich nicht selbst befruchten, sie brauchen einen sortenfremden Partner. Reife Äpfel lassen sich im Keller gut aufbewahren.

Birnbaum

Die rund 30 Arten an Echten Wildbirnen gelten als extrem selten. Einheimische Unterarten sind Holzbirne und Knödelbirne, beide mit dornigen Ästen und kleinen holzigen, herben Früchten.

Die Kulturform des **Birnbaums (Pyrus communis)** stammt aus dem Kaukasus. Der Baum wächst bis zu 20

Meter hoch, seine Krone scheint im Vergleich zur kugelförmigen Apfel schlanker und mehr in die Höhe gezogen. Die Blüten sind reinweiß.

Die Griechen brachten den Birnbaum in das Mittelmeergebiet und zur Römerzeit gab es schon mehr als 40 Sorten.

Der Name Birne leitet sich vom lateinischen pirum ab, das zum althochdeutschen bira wurde. Der St. Galler Klosterplan listet einen periarius auf. Hildegard von Bingen bezeichnet die Birne als gutes Nahrungsmittel, rät aber vom Rohgenuss ab, stattdessen solle man sie am Feuer braten oder kochen.

Hildegard beschreibt auch ein Rezept gegen Migräne, dessen Nutzen allerdings bisher nicht nachgewiesen werden konnte, „das ist die beste Latwerge und kostbarer als Gold, und nützlicher als Gold, weil es die Migräne wegnimmt“: Birnen zerschneiden, entkernen, im Wasser kochen und zu Mus zerquetschen. Bärenwurz oder pulverisierte Fenchelwurzel, Galgant, Süßholz und Pfefferkraut in mäßig erwärmten Honig geben. Dem Birnenmus zugeben und alles unter heftigem Rühren zusammenmischen. Täglich nüchtern einen Löffel essen, nach dem Essen zwei Löffel und abends im Bett drei Löffel. Das „reinigt den Menschen so, wie ein Geschirr vom Schmutz gereinigt wird“.

In ihrer symbolischen Bedeutung gehören Apfel und Birne zusammen und bilden jeweils das Gegenstück; gemeinsam galten sie als Liebesorakel.

Im Garten braucht der Birnenbaum einen warmen Standort mit tiefgründigem, sandigem Boden für seine Pfahlwurzel. Sein dichtes, hartes Holz wird gerne verarbeitet.

Albertus Magnus unterschied zwischen Garten- und Wildbirne. Er hielt den Baum für einen der schönsten einheimischen Bäume und – das war völlig neu – er kombinierte die Birne mit Kräuterbeeten.

Eberesche, Speierling

Die **Eberesche (Sorbus aucuparia)** ist in Europa und Sibirien zu Hause. Der Name Eber kommt von „aber" im Sinne von falsch wie der Aber-glaube. Weil die gefiederten Blätter denen einer Esche ähneln, kam es zur Eberesche. Der 15 Meter hohe Baum mit den unangenehm riechenden, cremeweißen Blüten und roten Beeren wurde früher benutzt, um Singvögel anzulocken und zu fangen. Darauf bezieht sich der botanische Name, vom lateinischen „aves – Vögel" und „capere – fangen".

Der frost- und winterharte Baum ist anspruchslos; seine Früchte können, roh gegessen, Magenschmerzen bereiten; als Gelee, Likör oder Saft sind sie bekömmlich.

Der Speierling (**Sorbus domestica**) ist nah mit der Eberesche verwandt und wird häufig mit ihr zusammengeworfen. In Mitteleuropa ist er eher selten und er wächst auch nur in warmen Gegenden wie dem Rhein- und Moseltal.

Sein botanischer Name Sorbus kommt vom lateinischen „sorbere – schlürfen", denn man ließ die Blätter mit anderen Zutaten zu einem urtümlichen Kräuterbier vergären und schlürfte es aus.

Der Speierling wird im St. Galler Klosterplan aufgeführt. Seine kirschgroßen, braungelben Früchte dienten zum Veredeln des Apfelweins, ihr Saft verlängerte die Haltbarkeit des Mostes und gab Aroma. Albertus Magnus schätzte den Speierling mit seiner bis zu 15 Meter hohen ausladenden Krone als einen sehr schönen und dekorativen Baum.

Haselnuss

Die zu den Birkengewächsen gehörende **Haselnuss Corylus avellana** wächst strauchig und ihre vielen Einzelstämme werden 2 bis 6 Meter hoch. Sie mag lichte, warme und sommertrockene Gegenden. Die männlichen Kätzchen und weiblichen Blüten erscheinen ab Februar und werden durch den Wind bestäubt. Für die Bienen sind sie eine wichtige Pollenquelle.

Vor etwa 9000 Jahren bedeckte der Haselstrauch sehr weite Flächen in Mitteleuropa. Man spricht von der Haselzeit als Übergang zwischen der nacheiszeitlichen Tundra und dem späteren Eichenmischwald. Heute finden wir Haselsträucher an Waldrändern, in Hecken, Feldgehölzen und immer in der Nähe von Höfen und Dörfern.

Im St. Galler Klosterplan ist ein Haselnussstrauch vorgesehen. Hildegard von Bingen lässt am „haselboum“ hingegen nichts Gutes: „Er taugt nicht viel für die Heilkunst, und er bezeichnet die Ausgelassenheit.“ Die fett- und energiereichen Nüsse galten damals als Nascherei. Holz und Reiser wurden für Latten oder Zaungerten verwendet, die Ruten für Flechtzäune, Korbbügel, Spazierstöcke und Wünschelruten.

Schwarzer Holunder

Der **Holunder (Sambucus nigra)** wächst seit der Jungsteinzeit im Umfeld von Siedlungen und gilt wie die Haselnuss als Begleiter des Menschen. Die germanische Göttin Holder, Schutzgöttin aller Pflanzen und Tiere, wohnte in einem Holunderbusch; sie wurde später zur Frau Holle. Weil seine zerriebene Rinde recht eigenartig riecht, nannte man den zur Familie der Geißblattgewächse gehörenden Strauch auch Stinkeholler.

Holunder wurde als Hüter von Haus und Hof meist an die fruchtbarste Ecke des Grundstücks gesetzt. Möglicherweise taucht er deshalb weder im Capitulare noch im Pomarium von St. Gallen auf.

In der Volks- und Klostermedizin galt Holunder als Universalheilmittel. Alle Pflanzenteile entfalten Heilwirkungen. Die voll erblühten weißen Blütendolden werden in Pfannenkuchenteig zu Holunderküchle ausgebacken und waren eine germanische Kultspeise zur Sommersonnenwende. Holunderblütentee oder auch Fliedertee wirkt ebenso wie die Beeren schweißtreibend, hilft bei Fieber und Erkältung, regt die Nierentätigkeit an und entschlackt. Zur Zubereitung von Holunderblütentee 1 Esslöffel getrocknete Blüten mit einer Tasse kochendem Wasser übergießen, 15 Minuten ziehen lassen und abseihen. Auf Wunsch mit Honig süßen. In größeren Mengen roh verzehrt, können die Beeren Vergiftungserscheinungen hervorrufen. Aus den „Trauben des kleinen Mannes" wurde Holunderwein hergestellt.

Der Holunder vereinigt alle Merkmale einer Zierpflanze, wie sie Albertus Magnus schätzte. Er ist unkompliziert, winterhart und groß genug, um Schatten zu spenden. Die Blätter grünen im zeitigen Frühjahr, die weißen Trugdoldenblüten duften aromatisch, die

Früchte können zu wohlschmeckenden Speisen verarbeitet werden.

Holunder wächst sehr schnell. Man schneidet von einer wild wachsenden Staude einen Grünsteckling ab und lässt ihn bewurzeln. Nach dem Einsetzen gut gießen, dann sorgt er bald für sich selbst.

Kastanienbaum

Der Kastanienbaum kam der Erzählung nach aus einem Lande namens Kastanis in Thessalien. Die ältesten Nachweise stammen aus der Zeit um 700 v. Chr.

Im Pomarium von St. Gallen war ein Platz für castenarius vorgesehen. Lange Zeit gab es keinen eigenen Namen für die Kastanie, vielmehr wurden Mandel, Kastanie und Walnuss als Nuss bezeichnet und lediglich durch einen Zusatz voneinander unterschieden.

Die **Echte Kastanie (Fagus castanea)** wurde als Frucht- und Zierbaum gesetzt. Die frostempfindliche **Esskastanie (Castanea sativa)** wächst bis 50 Meter hoch und gedeiht nur in milden Lagen. Reife Früchte gab es in St. Gallen wahrscheinlich nicht.

Kirschbaum

Der Kirschbaum hat eine lange Geschichte hinter sich. Archäologen fanden in steinzeitlichen Siedlungen Kerne der einheimischen **Vogelkirsche (Prunus avium syn. Cerasus avium)**. Von ihr stammt die wilde Süßkirsche ab. Man erkennt den Kirschbaum eindeutig an seiner glänzenden rotbraunen, sich in waagerechten Streifen ablösenden Borke.

Erste erfolgreiche Züchtungen gelangen in Kleinasien. Einer Legende nach brachte der römische Feldherr Lucullus im Jahr 74 v. Chr. die Kulturform der Kirsche aus der von ihm eroberten Stadt Kerasos in Kleinasien mit nach Rom. Ein kleiner Kirschbaum erhielt auf seinem Triumphwagen einen Ehrenplatz und die Römer nannten die süße Frucht nach der Stadt Kerasos „cerasa". Tatsächlich kannten auch die Griechen schon die Süßkirsche. Von cerasa ist das althochdeutsche krisa abgeleitet, das zu Kersbeere und Kersche wurde. Im botanischen Namen der Süßkirsche, Prunus avium, steckt das lateinische „avis – Vogel". Vögel ernten diese Früchte ja oft schon vor dem Menschen.

Die Kulturform der Kirsche kam mit den Römern in die Gebiete nördlich der Alpen. Im Capitulare werden bereits verschiedene Sorten vorgeschrieben; im St. Galler Klosterplan ist die Kirsche nicht aufgeführt. Kirschen galten als verbotene oder unreine Frucht. Die saftigen, reifen Kirschen verführten angeblich zu Sinneslust und Leidenschaft. Auf dem Bild „Die Madonna mit den Kirschen" von Tizian hält Maria eine Kirsche: Als zweite Eva nimmt sie die Sünde auf sich und macht sie auf diese Weise zunichte.

In der Volksmedizin war die Kirsche beliebt. Die Blätter kamen in die Hausteemischungen. In Wein aufgelöstes Katzengold – die zähe, rötliche, gummiartige Masse beim Wundverschluss – ergab einen Hustensaft. Kirschsaft galt als Stärkungsmittel für das Herz.

Die Sauerkirsche ist aus der Süßkirsche hervorgegangen. In den alten Schriften ist nicht klar, welche Art gemeint ist. Grundsätzlich wird unterschieden zwischen Herzkirschen mit rotem oder schwarzem weichem Fruchtfleisch und Knorpelkirschen mit festem gelbem oder rotem Fruchtfleisch. Der Kirschbaum braucht einen sonnigen und möglichst windgeschützten Standort und ist auf Fremdbestäubung angewiesen. Die Kirschen werden mit Stiel geerntet, sonst bluten sie aus und verlieren Saft. Die Erntezeit liegt zwischen Mai und Ende Juli.

Lorbeerbaum

Der immergrüne **Lorbeerbaum (Laurus nobilis)** stammt aus dem Mittelmeergebiet und muss überwintert werden. Er wächst als Baum oder Strauch bis zu 12 Meter hoch; seine Blätter und Früchte verbreiten einen würzigen Geruch. Die unscheinbaren Blüten sind gelblichgrün, er trägt eine beerenartige, schwarze Steinfrucht.

Trotz der klimatischen Probleme war der Lorbeer im frühen Mittelalter bekannt und im Pomarium von St. Gallen vorgesehen, Albertus Magnus pflegte ihn als Zierbaum. Auf zahlreichen Bildern und Bildhauerarbeiten ist Lorbeer zu finden, so zum Beispiel an der Kathedrale von Reims aus dem 13. Jahrhundert.

In der Antike galt er als den Göttern geweiht, der Lorbeerkranz wurde zum Siegeszeichen. Man schrieb dem Lorbeer eine starke Dämonen vertreibende Kraft zu. Im frühen Christentum galt er als Sinnbild der Auferstehung: Die Verstorbenen wurden auf Lorbeerblätter gebettet.

Blätter und Früchte waren geschätzte Arznei und Würzmittel. Hildegard von Bingen empfiehlt Rinde und Blätter zur Reinigung des Magens, Beeren gegen Gicht und Fieber und einen Brei aus Wurzel und Rinde als Auflage gegen Schmerzen.

Heute wird Lorbeer ausschließlich als Gewürz genutzt. Die getrockneten Früchte passen zu Wildgerichten. Die Blätter werden in Suppen und Eintöpfen mitgekocht oder zu Likör verarbeitet.

Als sehr wärmeliebender Baum braucht der Lorbeer einen geschützten Platz in der Sonne. In milden Gegenden hält er Winterfrost aus, doch die Frühjahrsfröste zerstören manchmal die jungen, empfindlichen Austriebe. Lorbeer wächst sehr langsam und kann gut in Form geschnitten werden.

Mandelbaum

Der aus Zentral- und Westasien stammende **Mandelbaum (Amygdalus communis)** gehört zur Familie der Rosengewächse und ist eng mit dem Pfirsichbaum verwandt. Mit seinen rötlichen Zweigen und dunkelgrünen schmalen Blättern wirkt der bis zu 6 Meter hohe Strauch sehr dekorativ.

Im zeitigen Frühjahr erscheinen die weißlichen oder zartrosa Blüten. Die ovale, graugrüne, silbrig behaarte Steinfrucht ist ungenießbar, man verzehrt den weißen Kern mit dem Samen der Süßmandel.

Die Mandel gehörte zum Baumbestand von St. Gallen. Hildegard von Bingen nannte sie amygdalus, das a fiel später weg, so entstand der heutige Name. Wahrscheinlich war der Mandelbaum wegen seiner frühen, prächtigen Blüte als Ziergehölz geschätzt, denn für eine ergiebige Ernte braucht er heiße trockene Sommer und kühle Winter. Der Mandelbaum galt als Sinnbild der sich erneuernden Natur, sein Kern als Symbol für die Reinheit Marias.

Maulbeerbaum

Der Schwarze Maulbeerbaum (Morus nigra) stammt aus Südwestasien und kam über das Kaukasusgebiet nach Griechenland. Seine purpurfarbenen, süßen Beeren wurden häufig mit Himbeeren oder Brombeeren verwechselt.

In St. Galler Pomarium wird er als murarius aufgeführt, Hildegard von Bingen nannte ihn mulboum, mulberboum. Sie empfahl einen Blätterabsud gegen Krätze und den Blättersaft gegen Gift. Aus den Beeren lässt sich Marmelade, Wein und Sirup herstellen.

Der Baum wird bis 15 Meter hoch und bildet eine sehr schöne breite Krone aus. An einem warmen, sonnigen Platz gedeiht der Baum recht gut. Bei Pflanzungen muss auf männliche und weibliche Bäume geachtet werden, damit die Befruchtung gewährleistet ist.

Bekannt ist der Maulbeerbaum auch durch die Zucht der Seidenraupe. Albertus Magnus schrieb, dass die Raupen mit Maulbeerblättern gefüttert werden. Die eigentliche Futterpflanze ist allerdings der Weiße Maulbeerbaum.

Mispel

Die Mispel (Mespilus germanica) ist ein strauchig wachsender Fruchtbaum aus der Familie der Rosengewächse. Er wird nur 2 bis 3 Meter hoch, aber gut 5 Meter breit. Die großen weißen Blüten erscheinen im Mai und Juni, seine rotbraunen Früchte werden ebenfalls groß und erinnern an Äpfel. Das Fruchtfleisch ist zunächst steinhart und wird erst nach den ersten Frösten oder nach langem Liegen weich und essbar. Dann schmeckt es süß-säuerlich bis würzig-herb.

Der dekorative Blütenstrauch ist eine alte Kulturpflanze aus dem Gebiet des Kaspischen Meeres und hat einen Platz im Pomarium des St. Galler Klosterplans. Hildegard von Bingen fand die Frucht für Gesunde und Kranke nützlich und gut. Dem Most zugegeben, verlängert die Mispel dessen Haltbarkeit und verbessert seinen Geschmack. Frische Blätter helfen bei Zahnfleischbeschwerden und Schleimhautentzündungen.

Albertus Magnus pflanzte die Mispel wegen ihres hohen Zierwertes. Auch heute noch ist sie sehr beliebt. Sie braucht einen geschützten warmen Platz und kalkhaltige Erde. Die Ernte erfolgt im November nach den ersten Frösten. Die Früchte werden roh verzehrt oder zu Kompott gekocht.

Pfirsich- und Aprikosenbaum

Der Pfirsich (Prunus persica syn. Prunus vulgaris) ist eng verwandt mit Aprikose und Mandel. Vermutlich stammt er aus China, wo er als Zeichen der Zuneigung und Symbol der Unsterblichkeit galt. Über Persien gelangte die Frucht nach Europa.

Das Wort Pfirsich ist eine Lautverschiebung aus dem lateinischen persica; persica wurde zu pfersich. Pfirsich wird im Klosterplan von St. Gallen aufgeführt. Hildegard von Bingen nannte ihn beim deutschen Namen persichboum. Die Nektarine ist eine glattschalige Variante des Pfirsich mit gelbem Fruchtfleisch.

Empfindlicher als der Pfirsich ist die **Aprikose (Prunus armeniaca syn. Armeniaca vulgaris)**. Auch sie stammt aus Ostasien und wird dort seit über 4000 Jahren kultiviert. Alexander der Große soll die Aprikose nach Griechenland gebracht haben. Die Römer nannten sie „mala praecocia – frühreife Äpfel". Bei Hildegard von Bingen fehlt sie. Man dachte bis ins späte Mittelalter, sie sei ein frühreifer Pfirsich und nannte sie „praecox – früh-reif", daraus wurde Aprikose.

Pfirsich und Aprikose gedeihen nur in sehr warmen, geschützten Lagen. Auf Spätfröste reagieren sie sehr empfindlich.

Pflaumenbaum, Schlehe

Der **Pflaumenbaum (Prunus domestica)** bekam seinen Namen vom lateinischen prunus. Es wurde im Althochdeutschen zu phlume, bei Hildegard von Bingen zu prunibuom und schließlich zur Pflaume.

Die Kulturform der Pflaume stammt aus Kleinasien und ist wahrscheinlich eine Kreuzung aus mittelasiatischer Kirschpflaume und europäischer Schlehe. Die Römer züchteten viele Sorten und brachten sie in die nördlichen Provinzen. Dort stieß die Kulturform auf die heimische Wildpflaume.

Im St. Galler Klostergarten ist der Anbau eines Pflaumenbaums vorgesehen. Die vollreifen Früchte werden roh gegessen, zu Kompott eingekocht, zu Pflaumenmus verrührt, in Alkohol oder Essig eingelegt, gedörrt, kandiert und mehr. Pflaumen sind sehr gesund und wirken abführend. Unreife Früchte reifen nach der Ernte noch etwas nach.

Der Pflaumenbaum gedeiht auf jedem Boden und kommt auch in raueren Lagen zurecht. Die Zwetschge ist ebenso wie Reneklode und Mirabelle eine Pflaumenart.

Die dornige **Schlehe (Prunus spinosa)** ist nah verwandt mit der Pflaume. Ihre sauer schmeckenden, herbbitteren, bläulichen Früchte wurden schon in der Jungsteinzeit genutzt. Schlehe ist ein alter germanischer Name; die botanische Bezeichnung setzt sich zusammen aus „prunus – Pflaumenbaum“ und „spinosus – dornig“.

Quittenbaum

Die Quitte (Cydonia oblonga) ist eine sehr alte Kulturpflanze und wurde in den letzten Jahrzehnten nahezu vergessen. Man findet diesen eng mit Apfel und Birne verwandten Obstbaum nur noch in alten Bauerngärten. Im Mittelalter war die Frucht hingegen weit verbreitet, der Klosterplan von St. Gallen führt sie als guduniarius auf. Hildegard von Bingen nannte den Baum cutinboum und quittenbaum.

Es gibt zwei Varietäten der Frucht, eine birnenähnliche Form (citonius) und eine apfelähnliche Form (coctanus). Beide Früchte sind flaumig-weiß behaart und duften ebenso intensiv wie der Baum zur Blütezeit. Das gefiel Albertus Magnus, der den bis 8 Meter hoch wachsenden Baum als Duftspender lobt. Auch sein Zierwert ist hoch, die großen rosafarbenen Blüten erscheinen im Mai und Juni, die Ernte erfolgt im Oktober oder November. Die rohe Frucht ist ungenießbar; sie enthält Gerbsäuren, die beim Kochen, zum Beispiel für köstliche Marmelade, abgebaut werden.

Im Garten braucht die Quitte einen geschützten, möglichst warmen Platz mit viel Sonne, ansonsten ist sie ein anspruchsloser Baum. Die Quitten werden vor der Vollreife geerntet, bei Zimmertemperatur müssen sie nachreifen.

So wird Quittenmus zubereitet: Den Flaum von der Schale abreiben, die Früchte halbieren und das Kerngehäuse entfernen. Das Fruchtfleisch in Würfel schneiden und mit Wasser bedeckt 20 bis 25 Minuten kochen lassen. Danach die weichen Früchte durch einen Sieb streichen und das Mus in Gläser abfüllen.

Walnussbaum

Der **Walnussbaum (Juglans regia)** wird bis zu 20 Meter hoch, 120 Jahre alt, hat eine schöne, luftig-lockere Krone und verströmt einen herben Duft. Er galt lange als Hexenbaum, man hielt seinen Schatten für gefährlich. Dieser Glaube steckt auch in der weit verbreiteten Bezeichnung nux gallica, vom lateinischen „nocere – schaden" und „gallica – Gallien". Der deutsche Name Walnuss kommt von Welschnuss, als Welsche bezeichnete man die romanischen Nachbarvölker.

Im Pomarium des Klosterplans von St. Gallen hat der nugarius einen Platz als Frucht- und Zierbaum. Die Römer hatten die Kulturform der Walnuss nach Deutschland gebracht, im 8. Jahrhundert war sie weit verbreitet. Die Nüsse galten als Glücksbringer und Fruchtbarkeitsförderer.

Der Baum wurde vielseitig genutzt. Die Nuss, getrocknete Nussschalen und die Blätter wurden pulverisiert und dienten als Pfefferersatz, die Blätter als Tabak. Ein Aufguss von Walnussblättern sollte Ungeziefer, Würmer und Parasiten vertreiben. Mit den Farbstoffen der Nussschale ließen sich Stoffe und Fußböden färben. Schließlich war sein dekoratives Holz für Möbel sehr geschätzt.

Im Garten gedeiht der Walnussbaum problemlos, allerdings kann er in sehr harten Wintern unter Frost leiden. Weil er sich mit seiner tiefen Pfahlwurzel fest verankert, lässt er sich nur sehr schwer wieder entfernen. Die braungrünen männlichen Kätzchen und die kleinen, becherförmigen weiblichen Blüten sind unauffällig. Früchte bilden sich erst ab dem 15. Lebensjahr des Baumes.

Albertus Magnus beschrieb den Walnussbaum als schönen Baum mit Fiederblättern, aber er hielt ihn im Ziergarten für ungeeignet: Sein bitteres Samenfleisch wirke schädlich auf die Pflanzen der Nachbarschaft. Unter einem Walnussbaum wachsen tatsächlich weder Gräser noch Blumen; seine großen Blätter verrotten schlecht und säuern den Boden stark an.

Viridarium – der Zier- und Grüngarten

Einen reinen Zier- oder Blumengarten gab es in den mittelalterlichen Klöstern nicht. Der für das Gotteshaus benötigte Blumenschmuck wuchs zwischen den Kräutern und Gemüsepflanzen im Nutzbeet. Manchmal gab es ein eigenes kleines Gärtchen für den Altarschmuck, das vom Messner gepflegt wurde. Lust und Freude am Garten hatten in den frühen Jahrhunderten hinter Arbeit und Besinnung zurückzustehen.

Die Anfänge: Albertus Magnus

Der Kölner Dominikaner Albertus Magnus (1193 – 1280) beschreibt in seinem Werk „De vegetabilibus libri VII" estmals einen Garten, der sich völlig von den bisherigen Klostergärten unterschied, denn er diente der Erholung und sollte Vergnügen bereiten. Der Verfasser wählte die Pflanzen nach Schönheit und Duft aus und komponierte sie zu einem sinnlichen Ziergarten.

Später entwickelten sich die Klostergärten zu barocken Anlagen weiter. Die Nutzflächen wurden durch Ziergärten ersetzt, die Beete prächtiger, die Pflanzenauswahl größer. Schließlich unterschieden sie sich kaum noch von den Lustgärten der weltlichen Herrscher.

Die Anweisungen des Albertus stellen die erste überlieferte Abhandlung über einen Ziergarten dar. Er nannte seinen Garten „viridarium – Grüngarten". Die Farbe Grün dominierte durch die neue Rasenfläche und bildete einen starken Kontrast zu den leuchtend bunten Farben der Blütenpflanzen. Ein wesentliches Merkmal des Gartens waren die Düfte der Kräuter. Eine Rasenbank lud zum Verweilen ein. Attraktive Hecken und Bäume sowie ein zentraler Brunnen rundeten das Bild ab. Albertus beschreibt auch wärmeliebende Exoten wie Granatapfel und Zitrusfrüchte, vermutlich hielt er sie schon in Kübeln und Töpfen.

Der Ziergarten heute

Anleitungen für schöne Ziergärten gibt es zur Genüge. Im Folgenden werden daher einheimische und im späten Mittelalter bekannte Pflanzen vorgestellt, die nach Duft, Schönheit oder Symbolwert ausgewählt wurden. Viele der im St. Galler Klosterplan genannten und von Walahfrid Strabo aufgeführten Pflanzen finden sich im Garten des Albertus Magnus wieder, doch ihr Nutzwert trat nun völlig hinter dem Zierwert zurück.

Wie dieser Garten tatsächlich aussah, lässt sich nicht mehr rekonstruieren, doch seine Elemente können heute noch als Vorbild dienen. Der Garten war in zwei Teile gegliedert, einen Rasenteil und einen Teil mit Kräuterbeeten. Rasenbänke und Spaliere trennten die beiden Teile voneinander. Hecken, Holzzäune oder Steinmauern umgrenzten den Garten. An der Süd- und der Westseite spendeten Bäume und Büsche Schatten und hielten den Wind ab.

In der Mitte der großen freien Rasenfläche stand ein Steinbrunnen. Blumenbeete mit duftenden und besonders schönen farbenprächtigen Blumen umrahmten die Rasenfläche und den Gartenteil mit den langen schmalen Kräuterbeeten. Dieser Teil erinnerte noch an die Vorgaben des St. Galler Klosterplans. Doch in den vier rechteckig-länglichen Beeten wuchsen aromatische Duftkräuter wie Weinraute, Salbei und Basilikum sowie attraktive Blumen wie Veilchen, Akelei, Lilie, Rose und Schwertlilie. Zwischen die Blumen mischte Albertus an mehreren Stellen Weinraute, die aufgrund ihrer Bitterkeit giftige Tiere aus dem Garten vertreiben sollte.

Die Bäume sollten einen angenehmen und kühlenden Schatten werfen und einen aromatischen Duft spenden, Früchte galten als weniger wichtig. In Frage kamen Weinreben, Birn- und Apfelbäume, Quitte, Goldregen, Granatäpfel, Lorbeer und Zypresse.

Rasen und Rasenbank

Der schön gepflegte Rasen bildete für Albertus den wichtigsten Teil im Garten, denn „nichts erquicket das Auge so sehr wie feines, nicht zu hohes Gras“. Die Farbe Grün wirkt beruhigend, erfrischt die Augen und weckt den Wunsch, die Studien fortzusetzen. Außerdem bedeckt der Rasen die offene Erde wie ein Teppich, so dass man sauber auf ihr sitzen kann, ohne sich schmutzig zu machen. Seine Pflege war sicher Teil der täglichen Arbeit im Klostergarten.

Albertus gab genaue Anweisungen zur Anlage des Rasens: Zunächst müssen alle alten Wurzeln ausgegraben und die künftige Rasenfläche mit kochendem Wasser übergossen werden. Das tötet noch vorhandene Unkrautsamen ab. Der Rasen wird nicht ausgesät, sondern – so empfahl Albertus – es werden Rasenstücke in den Boden eingedrückt, festgestampft und geklopft, bis das Gras kaum noch zu sehen ist. Erst nach dieser Behandlung kommen die Gräser haarfein hervor und bedecken die Oberfläche wie ein grünes Tuch.

Mit der Rasenbank schuf Albert eine saubere Sitzgelegenheit im Garten. Vermutlich entwickelte sich die Rasenbank aus alten Hochbeeten, denn wie diese ist sie mit Holz verkleidet oder aus Steinen gestaltet. Eine Hälfte der Bank ist mit anmutig blühenden Pflanzen bewachsen und soll die Sinne erfrischen. Die andere Hälfte dient zur vergnüglichen Ruhe. Anstelle des Rasens kann dieser Teil auch mit kleinwüchsigen Bodendeckern wie Dost, Immergrün oder Thymian bewachsen sein.

Die wichtigsten Zierpflanzen

Akelei

Die Akelei (Aquilegia vulgaris) ist eine angenehm duftende Staude mit schönen, blauen, glockenförmigen Blüten. Sie war schon seit dem 12. Jahrhundert eine beliebte Zierpflanze, ihr wurden Heil- und Schutzkräfte zugeschrieben. Ihr Name klingt wie das griechische „aglaia – Glanz, Pracht". Andere Herleitungen verweisen auf das althochdeutsche „agaleia".

Auf mittelalterlichen Bildern ist die Akelei häufig abgebildet. Sie gilt als Symbolblume Christi, steht aber auch für Demut, Anbetung und Lobpreisung Gottes. Ihre dreizähligen Blätter gelten wie die des Klees als Symbol der heiligen Dreifaltigkeit.

Akelei wächst auf nährstoffreichem Boden im Halbschatten. Die Aussaat erfolgt im Frühjahr oder Herbst, später sät sie sich selbst aus. Ihre Blütezeit liegt in Mai bis Juli. Alle Pflanzenteile sind giftig.

Christrose, Weißer Germer

Die Christrose oder Schwarze Nieswurz (Helleborus niger) blüht mitten im Winter. Dann bilden sich an den rötlichen Stängeln duftende, schneeweiße bis leicht rosa Blüten. Abhängig von der Sorte erscheinen die Blüten zwischen Weihnachten und Februar.

Der **Weiße Germer (Veratrum album)** ist ebenfalls ein heimisches Liliengewächs. Seine weißen bis grünlichen Blüten erscheinen zwischen Juni und September.

Beide Zierpflanzen sind sehr winterharte Sträucher aus den Alpen. Sie bevorzugen einen halbschattigen Standort und feuchte, humusreiche Erde. Obwohl sie nicht miteinander verwandt sind und sich auch nicht ähnlich sehen, fasst sie Albertus Magnus zusammen, vermutlich wegen ihrer ähnlichen Wirkungen. Denn beide galten als wichtige Heil- und Zaubermittel und waren seit dem Altertum in Gebrauch. Alle Teile der beiden Pflanzen sind giftig.

Goldregen

Der Laub abwerfende Goldregen (Laburnum **anagyroides)** passt ideal in den Ziergarten und stellt mit seiner üppigen Blüte, den Trauben von Schmetterlingsblüten, im späten Frühjahr eine besondere Attraktion dar. Aus seinen Ästen lassen sich Bögen und Lauben bilden. Albertus Magnus erwähnt ihn zum ersten Mal. Wahrscheinlich kam der Goldregen aus Südeuropa, wo er in den höher gelegenen Zonen wild wächst.

Albertus nennt den Goldregen Arbor trifolius und betrachtet ihn als eine Zwischenform zwischen Kräutern und Bäumen. Der Goldregen, ein zartes Kraut, später ein 3,5 Meter hoher Baum mit kleeähnlichen Blättern, braucht viel Sonne. Alle Pflanzenteile sind sehr giftig. Im Garten sollte er als Einzelexemplar angepflanzt werden.

Immergrün

Das **Immergrün (Vinca minor)** wird seit dem Mittelalter kultiviert. Albertus Magnus äußert sich begeistert über diesen winterharten robusten Bodendecker, dessen Blätter im Winter erhalten bleiben. Von Frühjahr bis Sommer bilden sich die hellvioletten Blüten. Die Blütenfarbe und die Tatsache, dass seine Blätter nicht welken, machte das Immergrün zum Symbol der Treue und Beständigkeit.

Das Immergrün wächst auf jedem Boden im Halbschatten und auch im Schatten. Seine Verbreitung erfolgt über Ausläufer, weshalb es sich unbegrenzt ausdehnen kann.

Weiße Lilie

Die **Weiße Lilie oder Madonnenlilie (Lilium candidum)** nahm in den mittelalterlichen Klostergärten eine ganz besondere Stellung ein. Im St. Galler Klosterplan belegt sie das erste Beet im Herbularius gleich gegenüber der Rose. Lilie und Rose sitzen auch bei Walahfrid Strabo an herausgehobener Stelle. Hildegard von Bingen behandelt Lilie und Rose vor allem als zierende Gewächse.

Die Heimat der Lilie liegt in Vorder- oder Mittelasien. Sie wurde bei Griechen und Römern geschätzt und kultiviert und galt aufgrund ihrer strahlend weißen Blüte als Symbol der Reinheit, Schönheit und Würde.

Die Lilie gehörte fest zu den heidnischen Kulturen, zahlreiche Sagen und Mythen handeln von ihr. Lilien waren auch Symbole des Herrschertums, sie krönten königliche Szepter und zierten Altäre und Tempel. Es gab kaum einen Gott oder Heiligen, der nicht mit Lilien ausgezeichnet wurde.

Die frühen Christen taten sich anfangs schwer, sie in ihre Symbolik einzubeziehen. Doch bald wurde sie zu einem allgegenwärtigen Mariensymbol und zu einer beliebten Pflanze in den Bauerngärten.

In der spätmittelalterlichen Tafelmalerei und in der Mariendichtung stehen Jungfrau Maria und Weiße Lilie zusammen. Die Lilie wird nun auch Mariendorn genannt. Der Erzengel Gabriel hält eine Weiße Lilie in der Hand. So wurde die Lilie Begleiterin der Jungfrau Maria, Sinnbild der Reinheit und Jungfräulichkeit, Bürge für die unbefleckte Empfängnis Marias, Symbol auf Verkündigungsdarstellungen und als Friedhofspflanze sichtbarer Beweis göttlicher Gnade und Vergebung.

Die Lilie steht aber auch – wie seit jeher – für Schönheit, Farbe und Duft. Walahfrid Strabo preist die blendende Weiße und den Wohlgeruch:

Leuchtende Lilien, wie soll im Vers und wie soll im Liede
Würdig euch preisen die dürftige Kunst meiner nüchternen
Muse?
Euer schimmerndes Weiß ist Widerschein schneeigen Glanzes,
Holder Geruch der Blüte gemahnt an die Wälder von Saba.
Nicht übertrifft an Weiße der parische Marmor die Lilien,
Nicht an Düften die Narde.

(Walahfrid Strabo, Hortulus, Verse 248–253)

Die Heilwirkungen der Lilie waren bei den Mönchen hoch angesehen. Walahfrid Strabo empfiehlt Liliensaft als Trunk gegen Schlangenbisse.

Als Gartenpflanze erfreut sie sich heute noch der gleichen Beliebtheit wie einst. Die Lilie kann über 1 Meter hoch werden und ist mit ihren vielen großen trichterförmigen Blüten eine beeindruckende Erscheinung. Die Blütezeit reicht von Juni bis Juli, dann verströmt sie abends ihren Duft und lockt mit ihm die Nachtfalter an.

Lilien brauchen einen sonnigen Platz und humose, nährstoffreiche Gartenerde. Ihre Zwiebeln werden im August etwa 5 cm unter die Erde gesetzt, später vermehrt sie sich durch Tochterzwiebeln selbst. Pflegeleichter als die Weiße Lilie stellt sich die aus China stammende **Weiße Königslilie** dar.

Als weitere Lilienarten seien die **Feuerlilie** und die **Türkenbundlilie** genannt. Als Jesus in der Bergpredigt von Lilien als Symbol der sorgenden Güte Gottes sprach, war sehr wahrscheinlich die Feuerlilie gemeint. Der Name Susanna ist übrigens eine Ableitung des hebräischen shushan, der Bezeichnung für die weiße Lilie.

Das Maiglöckchen wächst im Schatten lichter Laubwälder und braucht einen feuchten Boden. Seit dem späten Mittelalter wurde es trotz seiner starken Giftigkeit zu einer beliebten Gartenpflanze. Im Ziergarten des Albertus Magnus fand es gewiss einen Platz an der Nordseite einer Mauer.

Malve, Eibisch, Stockrose

Albertus Magnus hielt in seinem Garten Malvengewächse, welche Arten dies genau waren lässt sich anhand seiner Schriften nicht zuordnen. Der Name **Wilde Malve** (*Malva sylvestris*) stammt vom lateinischen „malva, malochus – weich“. Bekannter war die Staude unter ihrem volkstümlichen deutschen Namen Große Käsepappel oder kurz Pappel. Damals wurden die Malvenblätter gern zu einem schleimigen, ziemlich „pappigen“ Mus verkocht und verzehrt. Hildegard von Bingen empfiehlt diese Kost jedoch nur für Kranke.

In der Heilkunde wird die Malve als erweichendes Mittel beschrieben, sie sollte den Darm entspannen und bei Gebärmutterleiden helfen. Malvenblätter wurden unter die Gebärende gelegt und sollten die Geburt beschleunigen. Die Heilwirkung eines Tees aus Malvenblättern und -blüten gilt heute als anerkannt bei Entzündungen im Mund- und Rachenraum und bei Husten.

Für die Zubereitung eines Malvenblütentees 1 Teelöffel fein geschnittene Blüten mit kochendem Wasser übergießen, 10 Minuten ziehen lassen und abseihen. Für einen Tee aus Malvenblättern werden 2 Teelöffel klein gehackter Blätter genommen.

Der bis zu 1,5 Meter hoch wachsende **Eibisch (Althaea officinalis)** ist an Spross und Blättern samtartig behaart. In seinem Namen steckt das griechische „althäeis – heilsam“. Äußerlich wurde er bei Wunden, Abszessen und Verspannungen aufgetragen; innerlich angewandt, linderte die Wurzel, mit süßem Wein gemischt, den Husten. Heute gilt die Anwendung von Eibischwurzeln bei Schleimhautentzündungen im Mund und Rachen als anerkannt. Wirksame Substanz ist der vor allem in der Wurzel reichlich vorhandene Schleim. Die Wurzel ist wegen ihres süßlichen Geschmacks auch als Süßholzwurzel bekannt. Entrindete Süßholzwurzeln werden gerne zahnenden Babys zum Kauen gegeben.

Für eine Teezubereitung gibt man 1 Teelöffel zerkleinerte Eibischwurzel in 1 Tasse kaltes Wasser und lässt sie bis zu zwei Stunden ziehen. Gelegentlich umrühren, abseihen und leicht erwärmen.

Die **Stockrose (Althaea rosea)** wird auch Rosenpappel oder Stockmalve genannt und war einst eine Färbepflanze. Mit dem Farbstoff der schwarzroten Blütenblätter wurden Lebensmittel, Wein und Likör gefärbt.

Als Gartenpflanzen sind Echte Malve, Eibisch und Stockrose sehr bliebt. Mit ihren zahlreichen großen Blüten in allen Farbtönen von Weiß über Rosa bis Dunkelrot und Gelb besitzen sie einen hohen Zierwert. Man sät sie im Frühjahr ins Freiland aus. An einem sonnigen Standort und bei nährstoffreicher, durchlässiger Erde blühen sie von Mai bis September. Es gibt zweijährige und ausdauernde Sorten; je nach Art werden sie bis zu 2 Meter hoch.

Malven werden leicht von Malvenrost befallen. Diese Pilzkrankheit zeigt sich durch helle, später orangebräunliche Pusteln auf der Blattunterseite. Befallene

Blätter sollten entfernt und vernicht werden (nicht auf den Kompost geben). Spritzungen mit Schachtelhalmbrühe stärken die Pflanze und beugen dem Pilzbefall vor.

Pfingstrose

Die Pfingstrose (Paeonia officinalis) wurde durch die Benediktiner in die Klostergärten gebracht. Als „Rose ohne Dornen" gilt sie als Marienblume und Mariensymbol und erscheint häufig auf mittelalterlichen Tafelbildern und auf Altären.

Ihre Heimat liegt in den südlichen Alpen und in den Hügelwäldern Südeuropas; ihren Namen erhielt sie nach der Landschaft Paionia. Aufgrund ihrer großen, leuchtend roten Blüten und ihres Dufts eroberte sie schnell die Gärten. Als Heilkraut war sie beliebt und wurde vielseitig benutzt. Ihre Wurzeln und Samen sollten Alpträume und Dämonen vertreiben. Hildegard von Bingen empfiehlt den Samen, in Honig getaucht, gegen verlorenen Verstand. Der Geschichte nach heilte Apollon im Trojanischen Krieg mit Päonienwurzeln die Wunden seiner Krieger.

Im Garten braucht die etwa 1 Meter hohe Pfingstrose einen sonnigen warmen Standort. Die Blütezeit liegt in Mai und Juni. Mittlerweile gibt es zahlreiche Züchtungen mit gefüllten Blüten.

Rose

Als Königin der Blumen gilt die Gartenrose (Rosa spec.). Sie entstand vor 3000 Jahren in Persien unter anderem aus der Essigrose (Rosa gallica) und der Hundsrose (Rosa canina). Als eine der ältesten Kulturformen gilt die Weiße Rose (Rosa alba).

Im Mittelalter sah die Rose sicher anders aus als die heutigen Zuchtformen. Walahfrid Strabo bekennt sich zur Schönheit dieser Blumen. Damit waren Rosen und Lilien die ersten Blumen, die um ihrer Schönheit willen geliebt wurden und bei denen nicht nur der Nutzen zählte. Albertus Magnus beschreibt fünf Arten; bei der Gartenrose lobt er ihren Duft und die Blütenfarben, bei der Wildrose die höhere medizinische Wirksamkeit.

In der Heilkunde wurde die Essigrose vielfach verwendet. Hildegard von Bingen schreibt über sie: „Am frühen Morgen oder wenn der Tag schon angebrochen ist, nimm ein Rosenblatt, lege es auf deine Augen. Es zieht den Saft, das ist das Trieffen, heraus und macht sie klar… Wer jähzornig ist, der nehme die Rose und weniger Salbei und zerreibe es zu Pulver. Und in jener Stunde, wenn der Zorn ihm aufsteigt, halte er es an seine Nase. Denn der Salbei tröstet, die Rose erfreut.“

Heute werden Rosenblätter als Schmuckdroge in Teemischungen oder in Potpourris verwendet. Mit frischen

Rosenblättern lassen sich Speisen würzen. Rosenwasser und Rosensaft wirkt lindernd, kühlt und beruhigt.

Im Herbularius von St. Gallen belegt die Essigrose das zweite Beet gleich nach der Lilie. Bei Walahfrid Strabo bilden beide Pflanzen ein Paar, wie auch in der christlichen Symbolik. Die Lilien bürgen für die unbefleckte Empfängnis Marias und stehen für Christus. Die Rosen verkörpern die Passion Christi, ihre rote Blütenfarbe spiegelt das Blut des Martyriums wider.

Wie schon bei der Lilie fiel es den ersten Christen nicht einfach, die heidnisch belastete Rose in ihre Symbolik einzubeziehen. Sagen, Lieder und Gedichte erzählen in der ganzen Welt von der Rose. Die Rose war den Liebesgöttinnen geweiht, Rosenkränze schmückten die Häupter von Siegern, Bräuten und Toten. Doch bald wurde die Rose in der christlichen Symbolik zum Mariensymbol und stand für den Menschen ohne Sünde.

Schwertlilie, Iris

Der Name **Schwertlilie (Iris germanica)** kommt vom althochdeutschen „swertula – Schwertlein", ebenso die Gladiole vom lateinischen „gladius – Schwert". Beides bezieht sich auf die schwertförmige Form der Blätter. Der Name Iris kam hinzu, weil die Blüte alle Regenbogenfarben zu umfassen scheint.

Der Regenbogen symbolisiert den Bund Gottes mit den Menschen, die Iris galt als Überbringerin göttlicher Nachrichten. Die blaue Iris wurde wie die weiße Madonnenlinie zu einer der wichtigsten Begleiterinnen Marias und auf Tafelbildern oft mit ihr zusammen gemalt. Bei der Kombination Schwertlilie und Veilchen blüht im Garten immer eine blaue Blüte. Walahfrid meint hierzu, die Schwertlilie vertrete im Frühsommer das Blau, wenn die Veilchen nicht mehr blühen.

Die Wurzel der **Iris florentina** ist als Veilchenwurzel im Handel und wird gerne zahnenden Kleinkinder zum Kauen gegeben. Als Pulver im Duftsäckchen hält sie den Wäscheschrank frisch. Aus den Wurzeln einiger Schwertlilienarten lässt sich Appretur für Leinenstoffe gewinnen. Das damit gepflegte Gewebe hat einen Duft wie von Blumen.

Die Schwertlilie wird im St. Galler Herbularius gladiola genannt. Wie so oft sind auch hier die Bezeichnungen nicht eindeutig. Gladiola hießen mehrere Pflanzenarten, die sich äußerlich ähnelten, aber nicht miteinander verwandt sein mussten. Heute ist **Gladiole** der Name für die Knollenstaude **Gladiolus communis**.

Die bis 1 Meter hoch wachsende, schwert- oder lanzenförmig aufragende Schwertlilie ist eine sehr winterharte, mehrjährige Irisart. Ihre blauweißen Blüten erscheinen im späten Frühjahr, die drei äußeren Blütenblätter sind nach unten geschlagen und tragen eine auffällige Zeichnung. Sie ist leicht zu kultivieren, braucht viel Sonne und einen trockenen Standort. Mit ihren Rhizomen breitet sie sich rasch aus. Die Iris florentina duftet sehr stark und blüht weiß, Iris communis blüht rot, Iris germanica blau und Iris pseudacorus weiß.

Veilchen

Das blau blühende **Märzveilchen (Viola odorata)** kam im 9. Jahrhundert aus dem Mittelmeergebiet in die Gärten und fand rasch seinen Platz neben Rosen und Lilien.

Hildegard von Bingen behandelte das Veilchen mehr als zierendes Gewächs denn als Heilkraut. Nach den antiken Sagen steht es in Götternähe, es galt als Glück bringend sowie als Zeichen für den Frühling und die Wiedergeburt. In der christlichen Symbolik wurde das Veilchen mit der Gottesmutter verbunden. Es gilt als demütig, weil seine kleine Blüte lieblich und bescheiden im Verborgenen blüht. Seine blaue Blütenfarbe erinnert an den Mantel Marias, der Königin des Himmels. Ihr süßer Duft steht für das Paradies.

Das verwandte **Stiefmütterchen (Violo tricolor)** wurde erst im 16. Jahrhundert kultiviert, das Hornveilchen kam noch später.

Im Garten mögen Veilchen im Frühjahr die Sonne und im Sommer den Schatten. Ein guter Platz ist unter Laub abwerfenden Bäumen, wo es auch kühl und feucht ist. Die Aussaat erfolgt im Herbst.

Ysop

Ysop (Hyssopus officinalis) ist ein immergrüner Halbstrauch aus der Familie der Lippenblütler. Er kam im Mittelalter aus Südeuropa in die Klostergärten.

Hildegard von Bingen schätzt Ysop als wertvolle Heil- und Würzpflanze, sie empfiehlt ihn bei Lungenkrankheiten und Leberschmerzen. Tatsächlich wurden ähnliche Wirkungen wie von Salbei nachgewiesen. Äußerlich hilft eine Gurgellösung bei Halsentzündung und Heiserkeit, innerlich ist er beispielsweise hilfreich gegen chronische Bronchitis.

Für Albertus Magnus zählt Ysop als echte Zierpflanze. Der blau blühende, duftende Ysop wurde von ihm „um des Vergnügens willen" gepflanzt und zwar zusammen mit Salbei und Raute.

Ysop braucht einen sonnigen bis halbschattigen Standort und einen leichten trockenen Boden. In rauen Wintern benötigt er einen Winterschutz. Verholzte Zweige werden zurückgeschnitten, ansonsten ist es ein schöner und anspruchsloser Strauch.

Duftkräuter

Intensiv duftende, aromatische Kräuter bildeten ein wesentliches Element im Garten des Albertus Magnus. Sie gefallen nicht nur Nase und Augen, sondern fanden als aromatische Würzkräuter vielfach Verwendung.

Lavendel (Lavandula angustifolia) und **Thymian (Thymus vulgaris)** gelten als klassische Pflanzenkombination. Thymian bleibt niedrig und bildet Matten, Lavendel strebt in die Höhe. Außerdem heben sich die violetten Lippenblüten des Thymians vor dem silbergrauen Lavendellaub besonders gut hervor. Beide Partner brauchen Sonne, Wärme, Trockenheit und einen windgeschützten Platz.

Albertus Magnus erwähnte den Namen majorana für den **Gartenmajoran** oder **Oregano (Origanum majorana)** zum ersten Mal. Davor war hierzulande nur der verwandte, einheimische **Dost (Origanum vulgare)** bekannt. Der einjährige Dost hat rosa bis hell purpurfarbene Blüten, die sehr gerne von Bienen und Schmetterlingen besucht werden. Man verteilte ihn gerne als Streukraut in den Häusern, wo er den Schmutz und Gestank übertünchen sollte. Dost sollte auch vor Hexen und bösen Mächten schützen. Zum Würzen eignet er sich weniger, auch duftet er nicht ganz so aromatisch wie der Oregano-Majoran aus dem Mittelmeergebiet.

Majoran war in der Antike bekannt und geschätzt. Albertus Magnus beschrieb ihn als kleine, etwa 20 cm große Pflanze mit winzig kleinen Blüten, aber sehr kräftigem Aroma. Wahrscheinlich hatte er das frostempfindliche und für Pilzkrankheiten anfällige Kraut im Topf kultiviert.

Majoran und Dost gehören zur Familie der Lippenblütler wie auch das einjährige Kraut **Basilikum (Ocimum basilicum)**. Dessen Name kommt vom griechischen „basilikos – königlich" und bezieht sich auf den – königlichen – Duft. Basilikum mag sandig-lehmigen Boden und liebt die Wärme. Auf Nässe und Kälte reagiert er sehr empfindlich. Nur wenige Keimlinge wachsen zu einem 40 bis 50 cm hohen Busch heran. In einem Topf gedeiht Basilikum meist besser als im Freiland. Es ist anzunehmen, dass auch Albertus Magnus ihn im Topf hielt.

Der **Estragon (Artemisia dracunculus)** ist eine aromatisch duftende, ausdauernde Staude aus der Familie der Korbblütler und stammt aus den weiten Steppen Zentralasiens und Nordamerikas. Trotz seiner 1,20 Meter Höhe wirkt er durch seine langen schmalen Blätter recht grazil und passt gut neben das Liebstöckel.

Mit dem klösterlichen Gartenwissen durch das Jahr

Auch in unserer Zeit hat das Wissen um die Bebauung des Klostergartens nichts von seiner Gültigkeit verloren. Die Regeln der Nonnen und Mönche folgen den unterschiedlichen Jahreszeiten und begleiten auch heute noch sinnvoll und zeitgemäß durch das Gartenjahr.

Dezember, Januar

Die Christrose ist die letzte und die erste Blume des Jahres. Ansonsten sind Dezember und Januar Ruhemonate im Garten – da bleibt viel Zeit für Reparaturen, zum Überprüfen der Gartenwerkzeuge, zum Pläneschmieden und Pflanzenaussuchen.

Es gibt nur wenig zu tun: Befreien Sie Büsche und Bäume von allzu schwerer Schneelast. Früh blühende Obstbäume wie Mandel, Pfirsich, Aprikose und entsprechende Kirschsorten können Sie jetzt schon vor Spätfrösten schützen. Dazu bedecken Sie deren gefrorene Baumscheibe mit Stroh, Häcksel oder Kompost. Das isoliert und verzögert im Frühjahr die Blüte.

Ein Flechtzaun für den Garten

Klostergärten waren üblicherweise von einer hohen Mauer umgeben. Die Bauerngärten schützte oft ein Flechtzaun aus Kastanien- oder Weidenholz, der auch heute noch jeden natürlichen und mittelalterlichen Garten ziert.

Sie brauchen dazu dicke Pfosten, die im Abstand von 1 bis 1,30 Metern gesetzt werden, und viele etwa 2 Meter lange und 1,5 bis 2,0 cm dicke frische, biegsame, nicht entrindete Zweige. Die Zweige werden ineinander gewunden und verflochten, widerspenstige Zweige an den Pfosten festgenagelt. Die oberen Enden der Pfosten sollten zum Schutz vor Fäulnis mit Teer bestrichen werden.

Ein Flechtzaun ist selten höher als 1 Meter, das reicht zum Schutz der Gartenpflanzen und mehr wäre zu mühsam. Kastanienholz hält etwa zehn Jahre, dann muss der Zaun erneuert werden. Weide hält sich nur drei Jahre.

Für Spaliere und Lauben binden Sie mit Seilen, Efeu, Bast oder jungen Weidenzweigen die Äste oben zusammen.

Februar

Der Februar ist vielerorts der Höhepunkt des Winters, in wärmeren Gegenden zieht dagegen schon der Frühling ein. Amsel, Grünfink und Türkentaube fangen mit ihren Balzgesängen an, das Schneeglöckchen blüht und den Gärtner zieht es hinaus ins Freie. Was steht an Arbeiten an? Der Boden muss vorbereitet, Beete angelegt, Baumstämme geschützt und Bäume und Sträucher geschnitten werden.

Wenn der Boden nicht mehr gefroren ist, kann er mit der Grabgabel aufgelockert werden, man sollte ihn aber nicht umgraben. Zubereitungen aus Schachtelhalm, Rainfarn oder Brennnessel stärken den Boden, vertreiben überwinternde Bodenschädlinge und beugen Pilzkrankheiten vor. Als Düngung können Sie reifen Kompost oberflächlich einarbeiten.

Walahfrid Strabo umzäunt die Beete, hebt sie etwas über den Boden und hat damit eine einfache Form des Hochbeets gefunden. Das bringt mehrere Vorteile: Die Erde erwärmt sich schneller und rutscht auch nicht weg, die Pflanzen werden besser mit Nährstoffen versorgt und wachsen besonders schnell und kräftig. Vielen Schädlingen, vor allem den Schnecken, bleibt der Zutritt zum Hochbeet verwehrt. Der Anbau kälteempfindlicher Pflanzen wie Flaschenkürbis gelingt besonders gut im Hochbeet.

Im Frühbeet oder Gewächshaus, notfalls auch im Vorzuchtkasten oder in der Blumenschale werden Gemüse (Salat, Kohl, Sellerie, Gurken, Melonen), Küchenkräuter (Dill, Petersilie, Schnittlauch und Kerbel) und Sommerblumen ausgesät. Eine gute Aussaaterde können Sie selbst herstellen, dazu 5 Teile Lehm, 2 Teile Komposterde und 1 Teil Sand gut mischen und gleichmäßig feucht halten.

Im Vorfrühling scheint tagsüber die Frühjahrssonne recht kräftig, nachts herrscht der Frost. Diese starken Temperaturunterschiede gefährden die Bäume. Ihre Borke und im schlimmsten Fall sogar der Stamm kann infolge der Gewebespannungen aufreißen. Davor schützt ein weißer Anstrich mit Kalkmilch (2– 2,5 kg Branntkalk auf 10 l Wasser), der spätestens jetzt aufgetragen werden sollte.

Vor dem Austrieb lassen sich an den Bäumen auch noch überwinternde Schädlinge sowie deren Eigelege, Larven und Raupen entdecken und abbürsten. Sie verstecken sich an der Rinde, an Knospen und in den Blattachseln.

Bei Hecken, Sträuchern und Obstbäumen erfolgt der Frühjahrsschnitt, bevor der Austrieb beginnt. Altholz wird herausgeschnitten, bei Beerensträuchern werden abgetragene Ruten entfernt, Baumkronen werden ausgelichtet. Nicht schneiden dürfen Sie Sträucher, bei denen die Knospen im Vorjahr angelegt wurden.

März

Die Tage werden länger und der Frühling erwacht nun endgültig. Haselstrauch und Schlehe blühen, die Zwiebelblumen zeigen ihre Köpfe und erste Farbtupfer erscheinen. Gepflanzt werden jetzt Dicke Bohnen, Feldsalat, Erbsen, Frühmöhren, Kerbel und Petersilie; ins geschützte Frühbeet können Radieschen, Kohl, Lauch sowie robuste Stauden und Sommerblumen. Setzen Sie zwischen die Bohnen Kapuzinerkresse, das schützt vor der Bohnenlaus.

Das Frühjahr ist auch Pflanzzeit für empfindliche Obstbäume wie Pfirsich, Aprikose, Walnuss und für Zierpflanzen wie etwa den Gartenhibiskus.

Tipps zur Aussaat

Beachten Sie die auf der Saatpackung angegebenen Termine und säen Sie nur an milden, trockenen Tagen.

Ein Pflanzenstärkungsmittel begünstigt Keimung und Wachstum. Bewährt hat sich eine Schachtelhalmspritzung vor jeder Aussaat.

Das Saatkorn kommt so tief in den Boden, wie es dick ist. Säen Sie dünn aus, kleine Samen können Sie mit feinem Sand mischen.

Achten Sie auf gute Nachbarschaft zwischen den Pflanzen (siehe hierzu das Kapitel zum Hortus).

Einfacher geht es mit der Verwendung von Saatbändern, denn bei ihnen entfällt das spätere Vereinzeln der Pflanzen.

Zwiebelpflanzen werden in der zweiten Märzhälfte gesteckt. Die Wurzeln bilden sich schneller, wenn sie vor der Auspflanzung einen Tag ins (Regen-)Wasserbad gelegt werden.

April

Dies ist neben der Erntezeit der arbeitsaufwändigste Abschnitt im Jahr.

Samen werden gesät, Jungpflanzen pikiert und abgehärtet, Stauden geteilt, Pflanzen gesetzt, die letzten Sträucher gepflanzt und die Kübelschönheiten kommen heraus. Es wird gegossen, gejätet, Rasen gemäht, belüftet, gedüngt und kompostiert. Nur die empfindlichen Pflanzen wie Kürbisse, Bohnen und Gurken sollten noch im geschützten Raum bleiben.

Jetzt wuchert auch das Unkraut, Schnecken werden aktiv und Blattläuse finden optimale Bedingungen vor.

Hilfen gegen Schnecken und Blattläuse

Ein Schneckenzaun hält die Tiere vom Gemüsebeet ab. Ansonsten lassen sie sich mit Kartoffelscheiben und Bierfallen anlocken und einsammeln. Auch an künstlichen Schlafstellen wie der Unterseite von Holzbrettern oder auf den Boden gelegten Ziegeln versammeln sie sich gerne und können frühmorgens oder in der Abenddämmerung eingesammelt werden. Stark duftende Pflanzen wie Rosmarin, Lavendel, Oregano oder Thymian schrecken einige Schneckenarten erfolgreich ab.

Blattläuse haben viele natürliche Feinde, die es anzulocken lohnt, zum Beispiel Marienkäfer, Gallmücke, Florfliege, Schwebfliege und Schlupfwespen. Die Schwebfliege sieht aus wie eine Wespe ohne Taille, ist aber völlig harmlos und lässt sich mit Doldenblütlern anlocken. Schlupfwespen mögen nektarreiche Nahrungspflanzen.

Kleinere Blattlauskolonien lassen sich abstreifen oder mit einem kräftigen, lauwarmen Wasserstrahl abspritzen. Bei stärkerem Befall helfen Zubereitungen aus Brennnessel oder Wurmfarn oder auch eine Brühe aus 150–300 g in einem Eimer heißen Wassers aufgelöster Schmierseife. Diese Brühe abkühlen lassen und auf die Blattläuse spritzen.

Mai, Juni

Das sind die Monate der Blüte und des üppigen Grüns. Farben und Düfte locken die Sinne, leuchtende Zierpflanzen erfreuen das Gemüt. Das wachsende und reifende Obst und Gemüse wecken die Vorfreude auf die Ernte.

Nach den letzten Nachtfrösten können alle Sommerblumen und wärmeliebenden Gemüsepflanzen hinaus ins Freie. Gepflanzt werden nun sommerblühende Zwiebel- und Knollenpflanzen, zweijährige Kräuter und Blumen sowie ausdauernde Ziergräser und Stauden. Frei gewordene Beete für Frühgemüse können sofort wieder bepflanzt werden. Vorher den Boden gut lockern und etwas Kompost einarbeiten.

Der Mai ist auch die richtige Zeit, um Buchsbaum und Lorbeer in Form zu schneiden. Bei den Obstbäumen sollten die Früchte ausgedünnt werden, das heißt, schlecht entwickelte Früchte werden zugunsten der anderen entfernt. Unter die Bäume kommen Kapuzinerkressen. Sie halten Blattläuse fern, erfreuen im Sommer mit ihren schmucken Blüten und bleiben den Winter über als Bodendecker liegen.

Der Johannistag ist Stichtag für die Ernte der meisten Heil- und Würzkräuter. Kräuter, von denen die Blätter verwendet werden, werden vor der Blüte geerntet. Dies sind zum Beispiel Dill, Liebstöckel, Melisse, Minze, Petersilie, Salbei, Schnittlauch, Weinraute. Basilikum, Estragon, Kerbel, Thymian und Pfefferkraut entfalten ihre besten Heilwirkungen, wenn sie ihre Knospen bilden. Lavendel und Majoran werden in voller Blüte gepflückt.

Pflanzenauszüge, -brühen und -jauchen

Folgende Zubereitungen stärken die Pflanzen und können in gewissem Umfang Schädlinge und Krankheiten abwehren.

Ackerschachtelhalm: 1 kg frische grüne Triebe ohne Wurzeln oder 150 g getrocknetes Kraut in 10 l Wasser geben und 2 bis 3 Tage ziehen lassen. Der 5-fach verdünnte Auszug hilft gegen Blattläuse, Rote Spinne, Mehltau und Schorf und beugt Pilzkrankheiten vor. Er wird über die Pflanze und den Boden ausgebracht.

Brennnessel: Gesammelt wird vor der Samenbildung im Juli. 1 kg frisches oder 200 g getrocknetes Kraut in 10 l Wasser geben und 12 bis 24 Stunden ziehen lassen. Der Auszug wird unverdünnt über die Blattläuse gespritzt. Eine Jauche erhält man, wenn die Pflanze vergoren ist, das kann bis zu 20 Tage dauern. Einmal täglich umrühren. Die Jauche dient 20-fach verdünnt zur Pflanzenstärkung und Wachstumsförderung.

Rainfarn und Wermut: Jeweils 300 g frisches oder 30 g getrocknetes Kraut und Blüten mit 10 l heißem Wasser übergießen. Die unverdünnt über die Pflanzen und Obstbäume gesprühte Brühe hält aufgrund ihres Geruchs viele Schädlinge fern.

Juli, August

Der Hochsommer ist die Zeit zum Genießen; die Gartenarbeit beschränkt sich vor allem auf das Ernten, Wässern und Jäten. Im Gemüsebeet beeindruckt der Mangold, die Beeren sind reif und schmecken am besten frisch vom Strauch. Im Ziergarten lassen sich nun die Samen der Stauden gewinnen.

Heruntergefallenes Obst sollten Sie rasch entfernen, damit sich Fruchtfliegen, Wespen und Fäulnispilze und dergleichen nicht ausbreiten können. Ende Juli hat sich bei stark wachsenden Obstbäumen, vor allem bei Süßkirschen und Walnuss, ein Sommerschnitt bewährt; damit soll die Krone ausgelichtet werden.

Im August beginnt die Pflanzzeit für die Weiße Lilie, ebenso wie für die Frühjahrsblüher Schwertlilien und Pfingstrosen. Beim Pflanzen von Pfingstrosen muss darauf geachtet werden, dass die dicken Triebknospen dicht unter der Erdoberfläche liegen. Auch die Weiße Lilie darf nicht zu tief liegen, da die Pflanzen sonst nicht ihre wunderschöne Blütenpracht entfalten.

Tulpen und Narzissen werden erst im Herbst gesetzt. Als Faustregel gilt bei ihnen: Die Zwiebeln sollen doppelt so tief abgelegt werden, wie sie hoch sind. Weil Zwiebeln gerne von Wühlmäusen gefressen werden, empfiehlt sich der Schutz mit einem Drahtkorb.

September, Oktober

Im Herbst fällt die Ernte an: Äpfel sind reif, wenn sie sich beim Drehen gut vom Ast lösen lassen. Das Wintergemüse wird kurz vor den ersten Nachtfrösten geerntet.

Im Gemüsegarten beginnt im September die zweite Aussaat. Möhren, Rettich, Rüben, Salat, Winterkohl und andere Spätsorten können nochmals gesät oder gepflanzt und die Winterzwiebeln gesteckt werden. Schnellwachsende Gemüsesorten können sogar noch vor dem Winter geerntet werden. Schnittlauch und Petersilie kann man später für den Winter eintopfen.

Im Oktober ist nochmals Pflanzzeit für Stauden und Rosen; zuvor muss der Boden tiefgründig gelockert und mit reifem Kompost versorgt werden. Auf einen Quadratmeter passen fünf bis sechs Stauden mittlerer Größe. Auch immergrüne Sträucher wie Buchs oder Lorbeer und Obstbäume kommen noch in den Garten.

Nicht zuletzt ist Herbstzeit auch Aufräumzeit. Der Garten wird geräumt, die Beete gelockert oder umgegraben und das kommende Jahr wird vorbereitet.

Achten Sie auf das Laub der Obstbäume. Kranke oder pilzbefallene Blätter sollten Sie entfernen, denn sie überdauern im Boden und infizieren den Austrieb im Frühjahr. Auch empfiehlt sich gegebenenfalls, Leimringe anzubringen, sie schützen vor dem Befall mit dem Kleinen Frostspanner.

November

Der Winter zieht ein. Es ist höchste Zeit, die letzten Pflanzen zu schützen. Noch werden Mispel, Schlehe und Kohl geerntet. Die Kübelpflanzen kommen ins Winterquartier. Frostempfindliche und im Herbst neu gepflanzte Bäume, Sträucher und Stauden müssen Sie im Winter mit einer 10 bis 20 cm dicken Schicht Fichtenreisig, Kompost, Laub oder Häcksel abdecken. Das gilt insbesondere für die nur bedingt frostharten Kräuter wie Estragon, Oregano, Salbei oder Thymian.

Immergrüne Pflanzen verdunsten im Winter Wasser und müssen bei milden, trockenen Wetter gewässert werden.

Adressen

Dies ist nur eine kleine Auswahl. Sicher gibt es auch in Ihrer Nähe einen Klostergarten. Fragen Sie am besten bei Ihrer evangelischen oder katholischen Kirche nach, dort wird man Ihnen weitere Informationen geben.

Kloster Amelungsborn
Evangelisches Zisterzienserkloster mit Klostergarten,
nach Quellen des 9.–16. Jahrhunderts neu gestaltet
37643 Negenborn
Tel.: 0 55 32 / 5 01 95 77
Fax: 0 55 32 / 5 01 95 80
webmaster@kloster-amelungsborn.de
www.kloster-amelungsborn.de

Kloster Benediktbeuern
Kloster mit Lehrkräutergarten und angeschlossenem
Zentrum für Umwelt und Kultur
Gästehaus der Salesianer Don Boscos
Don-Bosco-Str. 1
83671 Benediktbeuern
Tel.: 0 88 57 / 8 81 95
Fax: 0 88 57 / 8 81 39

gästehaus@kloster-benediktbeuern.de
www.kloster-benediktbeuern.de

Emslandmuseum Schloss Clemenswerth
Jagdschloss mit barockem Klostergarten
49751 Sögel
Tel.: 0 59 52/93 23 25
Fax: 0 59 52/93 23 30
schloss@clemenswerth.de
www.clemenswerth.de

Benediktinerinnenabtei zur Heiligen Maria
Traditionsreicher biologischer Gartenbau; historischer Kräutergarten nach Walahfrid Strabos „Hortulus"
Nonnengasse 16
36037 Fulda
Tel.: 06 61/9 02 45-0
Fax 06 61/9 02 45 45
kontakt@abtei-fulda.de
www.abtei-fulda.de

Benediktinerinnenabtei St. Hildegard
Gründung von Hildegard von Bingen, mit großem Klostergarten
Postfach 1320

65378 Rüdesheim
Tel.: 0 67 22/49 90
Fax: 0 67 22/49 91 78
gaeste-st-hildegard@t-online.de
www.abtei-st-hildegard.de

Karlsgarten in Melaten
Garten nach der Landgüterverordnung (Capitulare)
Karls des Großen
Am Gut Melaten
52056 Aachen
Ansprechpartner:
Freundeskreis Botanischer Garten e.V. , Dr. K. J. Strank
Tel.: 0 17 1/2 70 92 58
info@biozac.de
www.biozac.de/biozac/capvil/karl.htm

Kloster Lorsch
Kräutergarten in Erinnerung an das
„Lorscher Arzneibuch"
Museumszentrum Lorsch
Nibelungenstr. 35
64653 Lorsch
Tel.: 0 62 51/1 03 82 13
Fax: 0 62 51/1 03 82 14

muz@kloster-lorsch.de
www.kloster-lorsch.de / kloster / garten.html

Zisterzienserinnenabtei Klosterstift St. Marienthal
Kloster mit Bibelgarten
St. Marienthal 1
02899 Ostritz
Tel.: 0 35 82 3 / 7 72 38
Fax: 0 35 82 3 / 7 72 37
kloster-marienthal@t-online.de
www.kloster-marienthal.de

Stiftung Michaelstein
Ehemaliges Zisterzienserkloster mit Kräuter- und Gemüsegarten nach mittelalterlichem Vorbild
Postfach 24
38881 Blankenburg
Tel.: 0 39 44 / 90 30-0
Fax: 0 39 44 / 90 30 30
www.kloster-michaelstein.de

Stift Neuzelle
Ehemaliges Zisterzienserkloster mit restauriertem barockem Klostergarten
Stiftsplatz 7

15898 Neuzelle
Tel.: 03 36 52/ 8 14-0
Fax: 03 36 52/ 8 14 19
info@stift-neuzelle.de
www.stift-neuzelle.de

Benediktinerabtei St. Ottilien
Erzabtei mit Klostergut, Gärten, Gewächshäusern und Imkerei
Gästehaus St. Benedikt
86941 St. Ottilien
Tel.: 0 81 93/7 13 41
Fax: 0 81 93/7 13 32
gastpater@erzabtei.de
www.erzabtei.de

Klostergarten in Reichenau
Garten nach dem historischen Vorbild des „Hortulus" von Walahfrid Strabo im früheren Kloster beim Münster St. Maria und Markus
78479 Reichenau
Tel.: 0 75 34/9 20 70
Fax: 0 75 34/9 20 777
touristinfo-reichenau@t-online.de
www.reichenau.de

Ehemalige Benediktinerabtei Seligenstadt
Apothekergarten nach historischem Vorbild
Klosterhof 2
63500 Seligenstadt
Tel: 0 61 82 / 2 26 40
Fax: 0 61 82 / 28 72 6
m.paethke@schloesser-hessen.com
www.schloesser-hessen.de / schloesser / seligenstadt / seligenstadt.htm

Kloster Veßra
Hennebergisches Museum
Nachbildung eines Klostergartens auf der Grundlage von Klosterplänen, Darstellungen der bildenden Kunst und literarischen Quellen des Mittelalters
98660 Kloster Veßra
Tel.: 0 36 87 3 / 6 90 30
Fax: 0 36 87 3 / 6 90 49
info@museumklostervessra.de
www.museumklostervessra.de

Literatur

Balthasar, Hans Urs von: *Die großen Ordensregeln*, Johannes Verlag, Einsiedeln 1994

Beuchert, Marianne: *Symbolik der Pflanzen*, Insel Verlag, Leipzig 2001

Bühler, Johannes: *Klosterleben im deutschen Mittelalter nach zeitgenössischen Quellen*, Insel Verlag, Leipzig 1923

Gallwitz, Esther: *Kleiner Kräutergarten, Kräuter und Blumen bei den Alten Meistern im Städel*, Insel Verlag, Leipzig 1992

Hauschild, Stephanie: *Die sinnlichen Gärten des Albertus Magnus*, Jan Thorbecke Verlag, Ostfildern 2005

Hildegard von Bingen: *Heilkraft der Natur – „Physica“*, hg. v. d. Basler Hildegard-Gesellschaft, Verlag Herder, Freiburg im Breisgau 1993

Hobhouse, Penelope: *Illustrierte Geschichte der Gartenpflanzen vom alten Ägypten bis heute*, Scherz Verlag, Bern 1999

Scherf, Gertrud: *Pflanzengeheimnisse aus alter Zeit,* blv Verlagsgesellschaft, München 2004

Schermaul, Erika: *Paradiesapfel und Pastorenbirne, Bilder und Geschichten von alten Obstsorten,* Jan Thorbecke Verlag, Ostfildern 2004

Schönfelder, Ingrid und Peter: *Das neue Handbuch der Heilpflanzen,* Kosmos Verlag, Stuttgart 2004

Sörrensen, Wolfgang: „Gärten und Pflanzen im Klosterplan", in: Duft, Johannes (Hg.): *Studien zum St. Galler Klosterplan,* Fehr'sche Buchhandlung, St. Gallen 1962, S. 193–277

Stoffler, Hans-Dieter: *Kräuter aus dem Klostergarten, Wissen und Weisheit mittelalterlicher Mönche,* Jan Thorbecke Verlag, Ostfildern 2002

Strabo, Walahfrid: *Hortulus. Vom Gartenbau,* hg. v. Näf, Werner / Gabathuler, Matthäus, Verlag H. Tschudy & Co. AG, St. Gallen 1957

Weinrich, Christa: *Geheimnisse aus dem Klostergarten,* Franckh-Kosmos Verlag, Stuttgart 2005